Bauernhof Tiere Aktivitätsbuch f̗r Kinder

Labyrinthe, Färbung und Rätsel f̗r Kinder

Young Scholar

Young Scholar
An imprint of Ciparum LLC

Bauernhof Tiere Aktivitätsbuch f̗r Kinder
Labyrinthe, Färbung und Rätsel f̗r Kinder
© 2017 Ciparum LLC
All rights reserved.
ISBN-10: 1-63589-445-X
ISBN-13: 978-1-63589-445-5

www.youngscholar.co

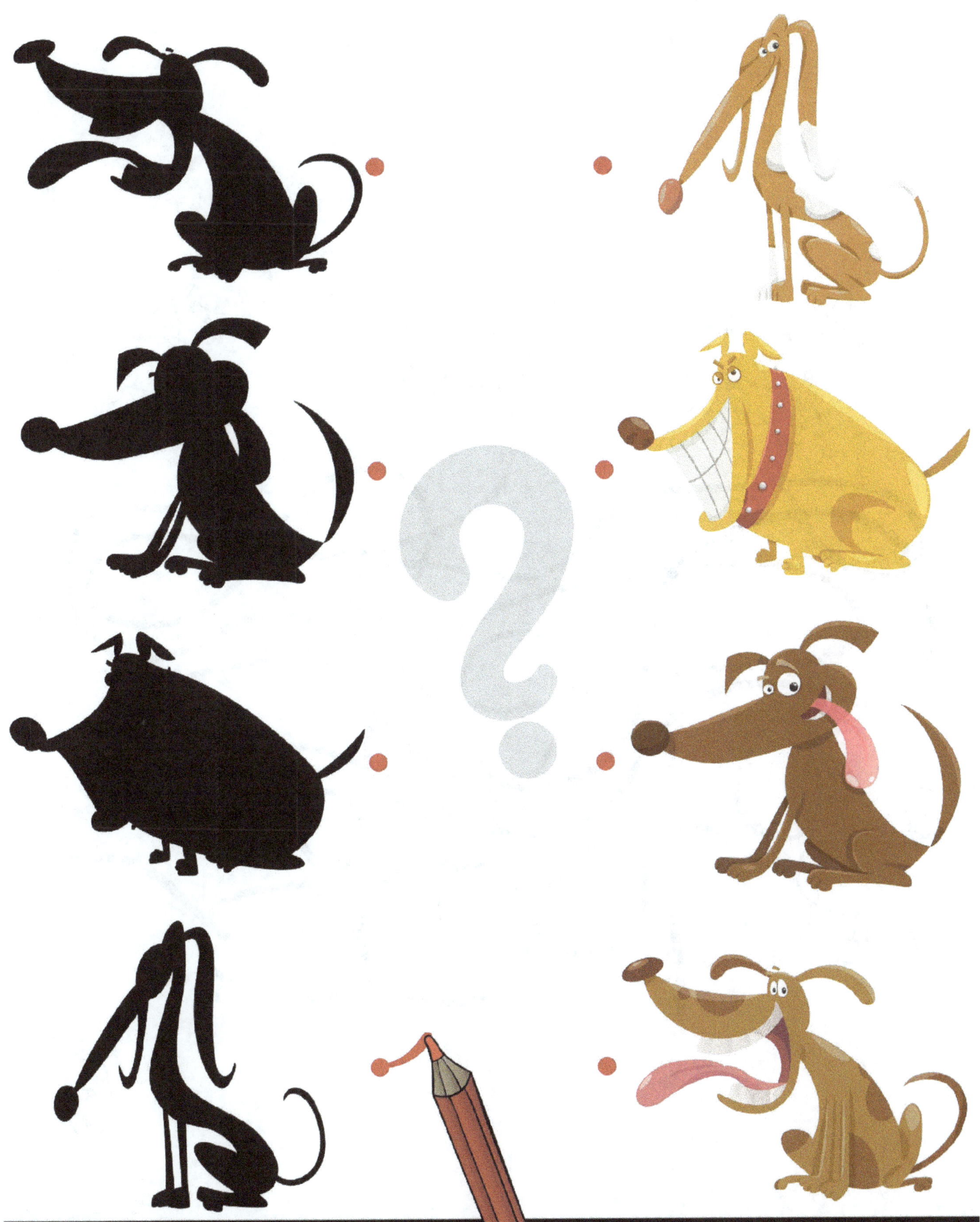

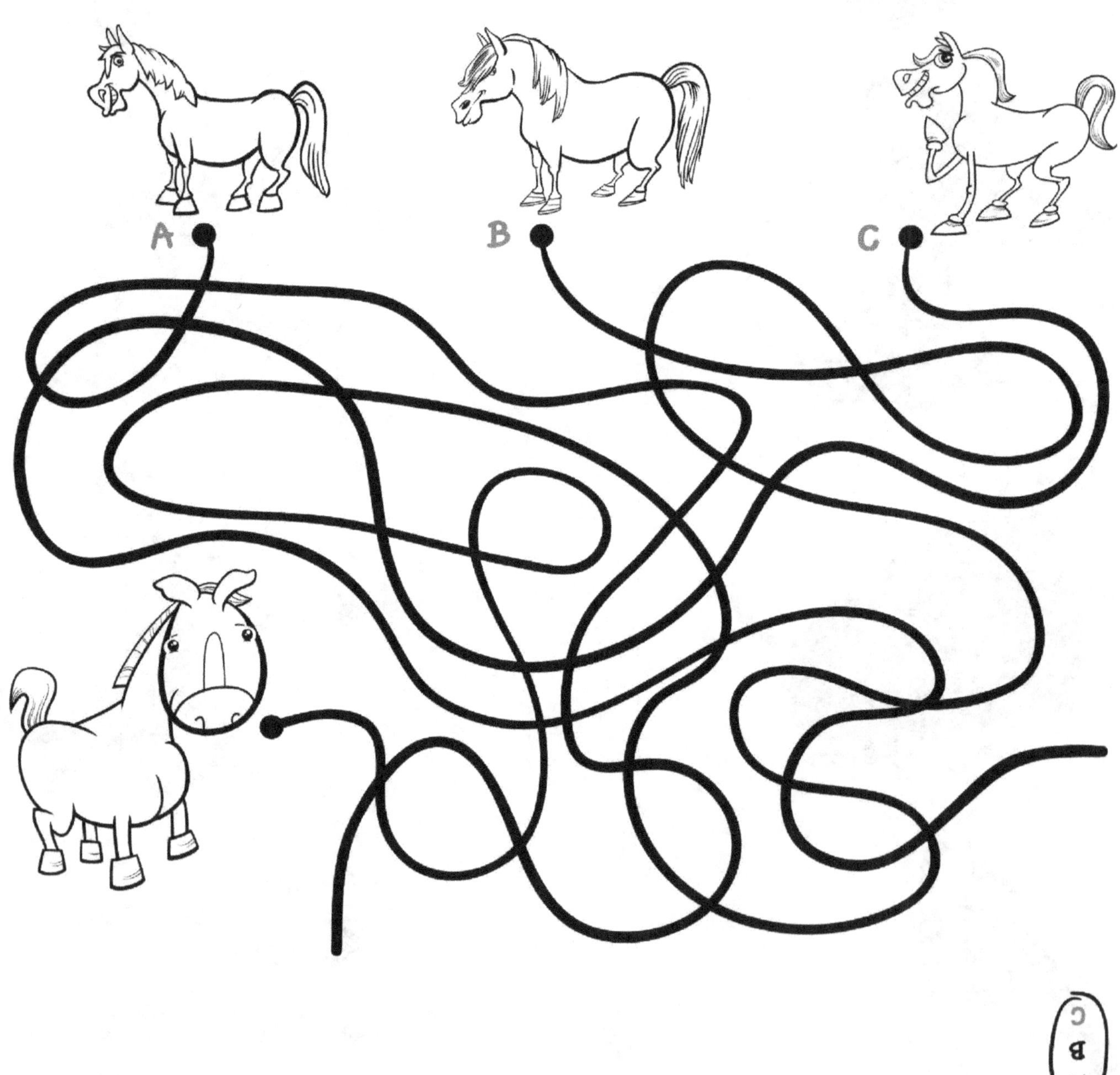

A
B
C
A
B
C

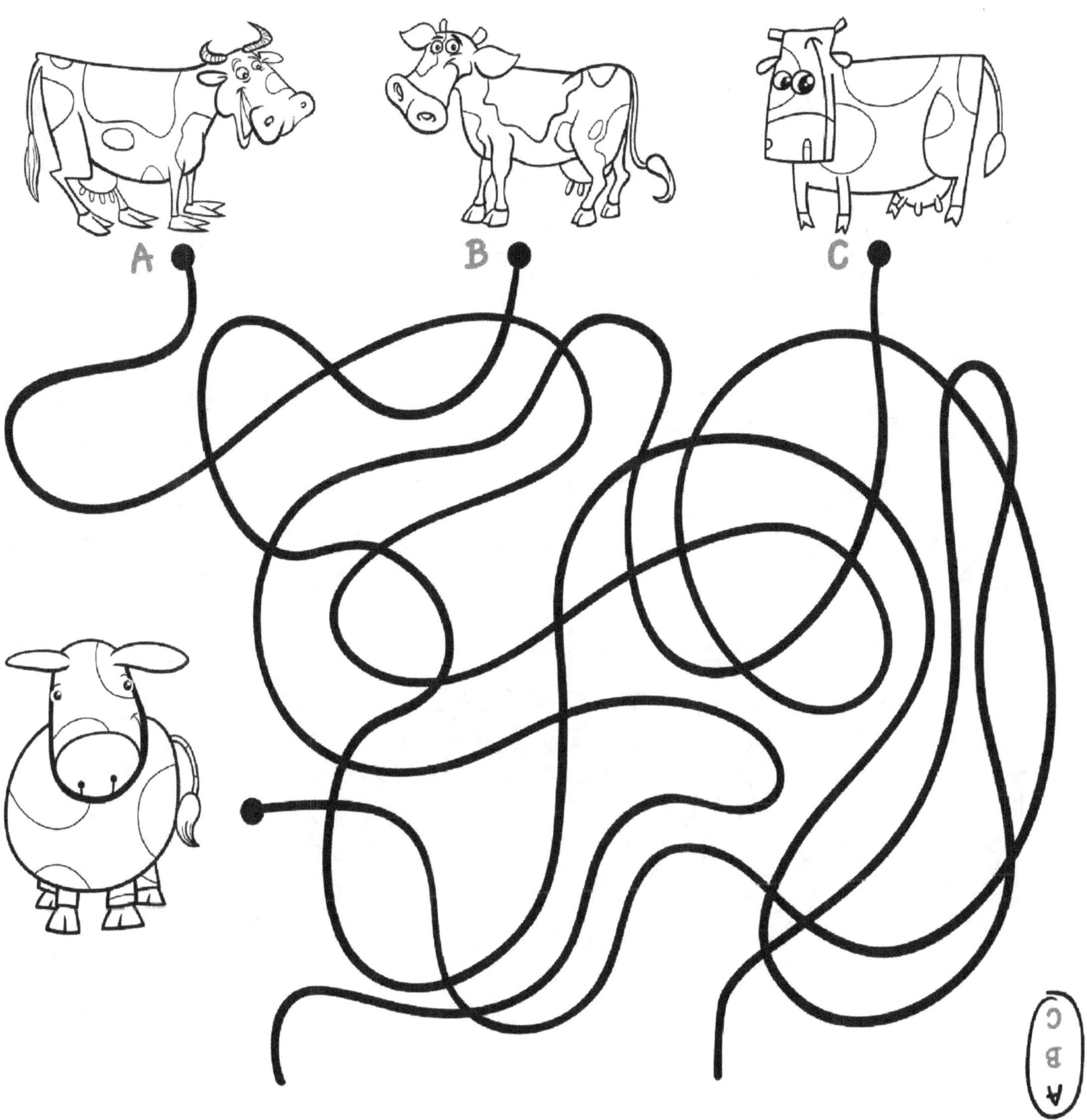

A
B
C
A
B
C

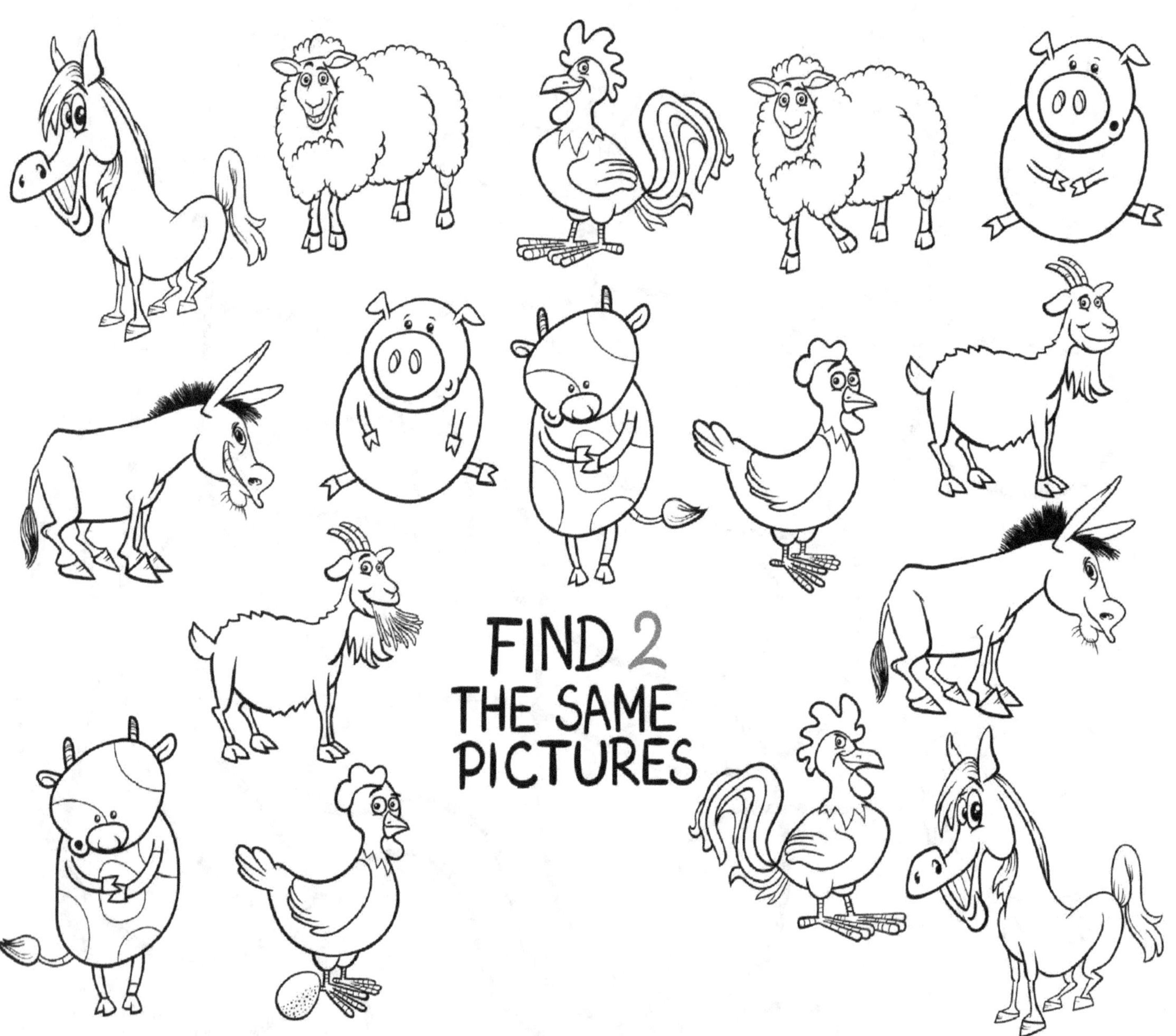

6

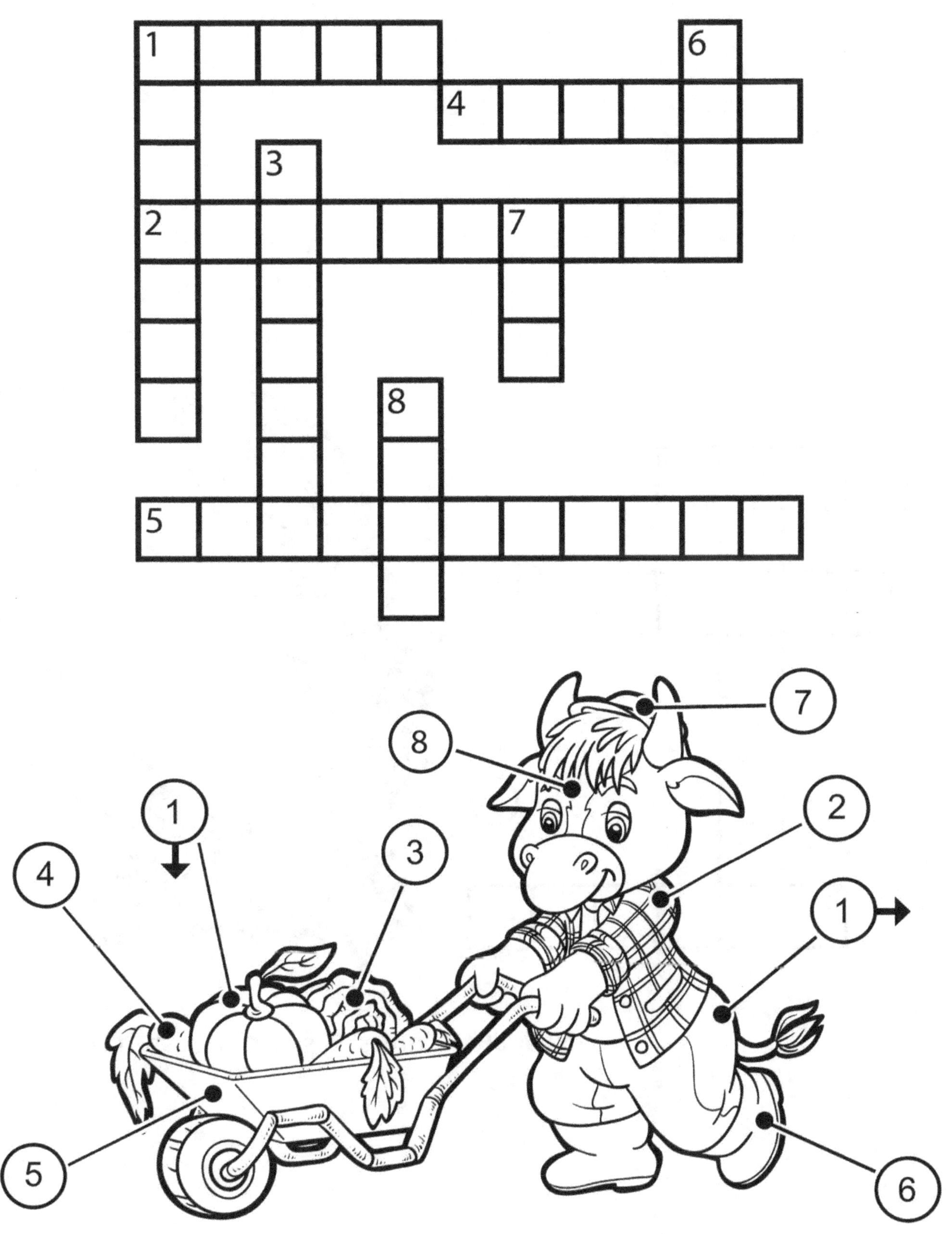

ANSWER: 1. (across) pants 1. (down) pumpkin 2. plaidshirt
3. cabbage 4. carrot 5. wheelbarrow 6. boot 7. hat 8. bull

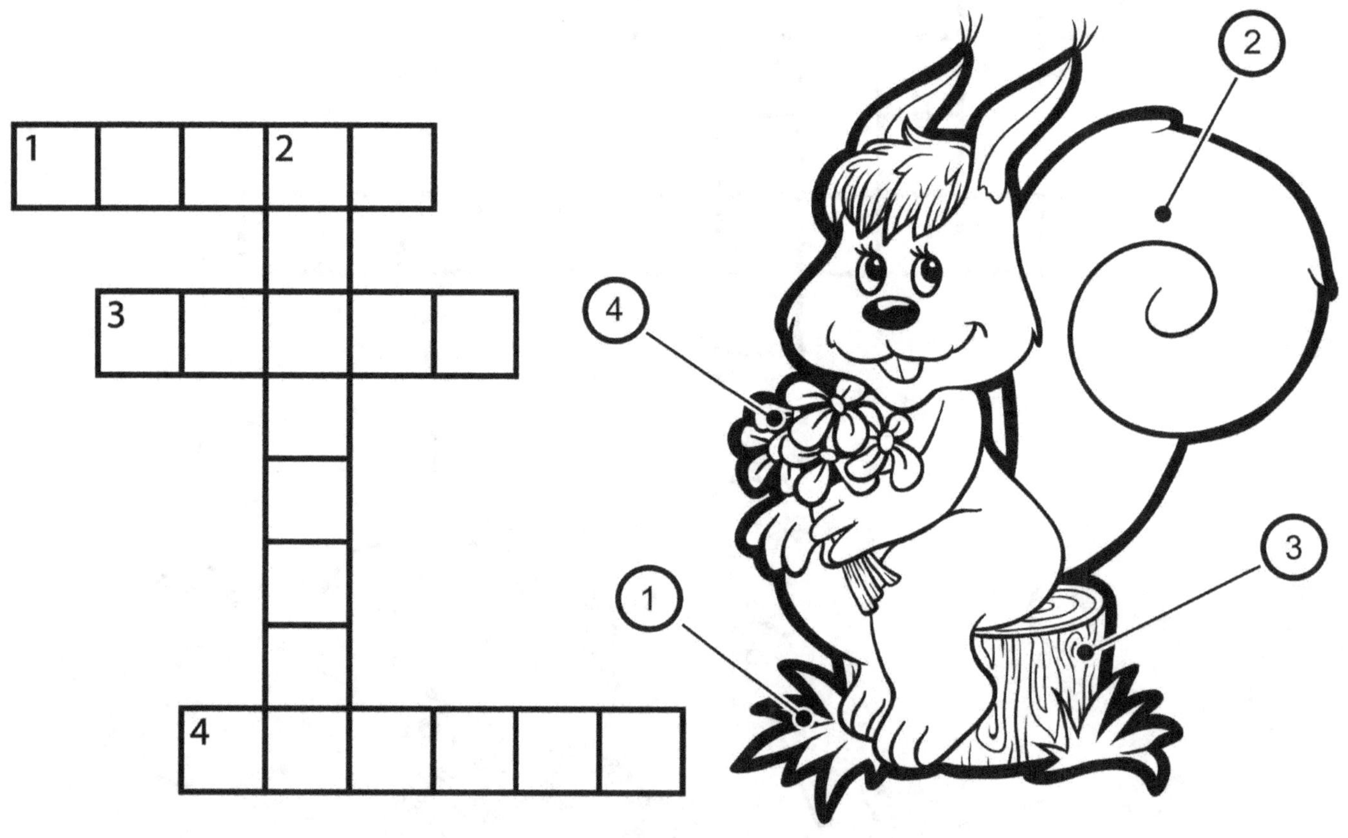

ANSWER: 1. grass 2. squirrel 3. stump 4. flower

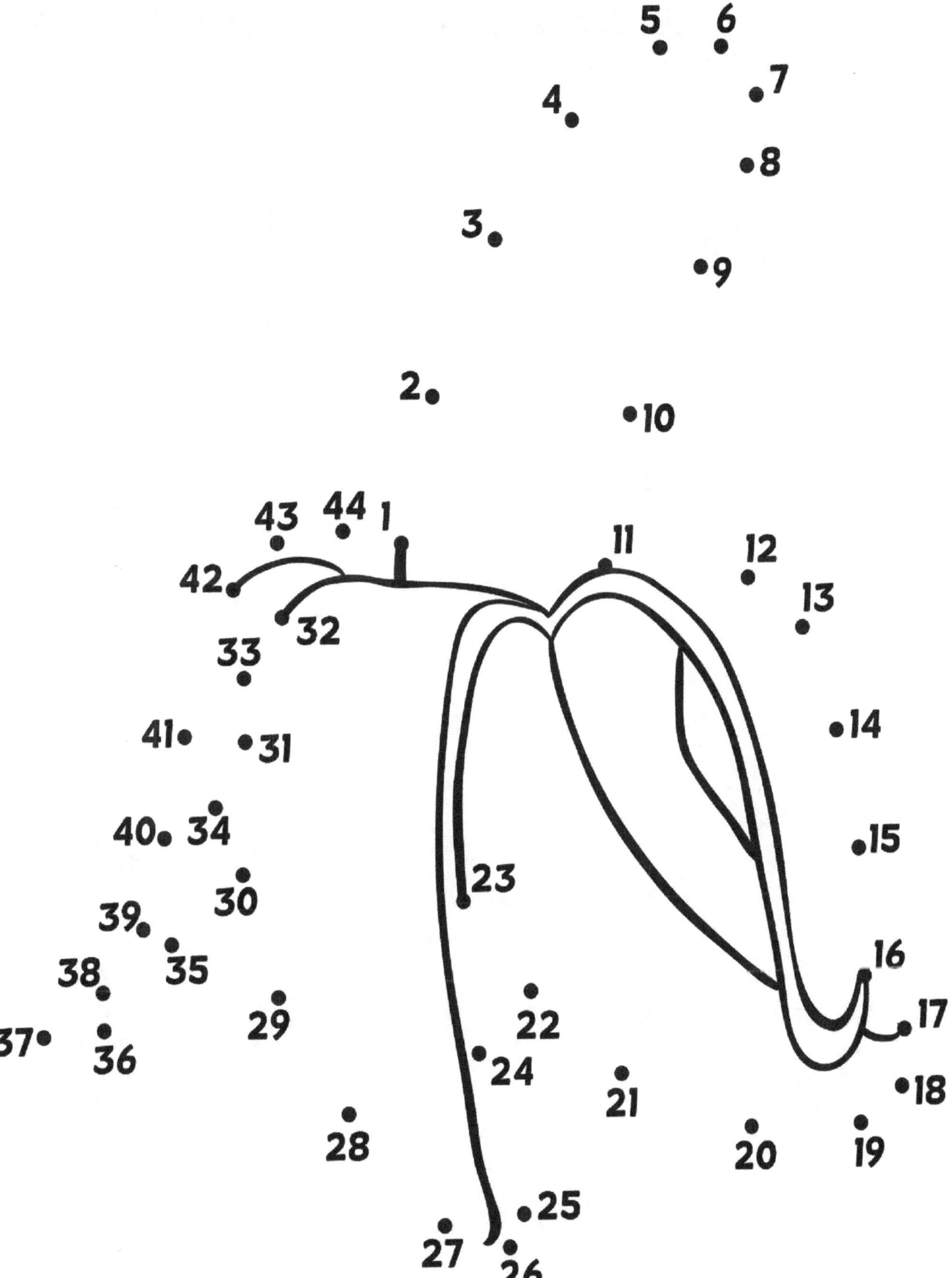

Match the birds with their babies

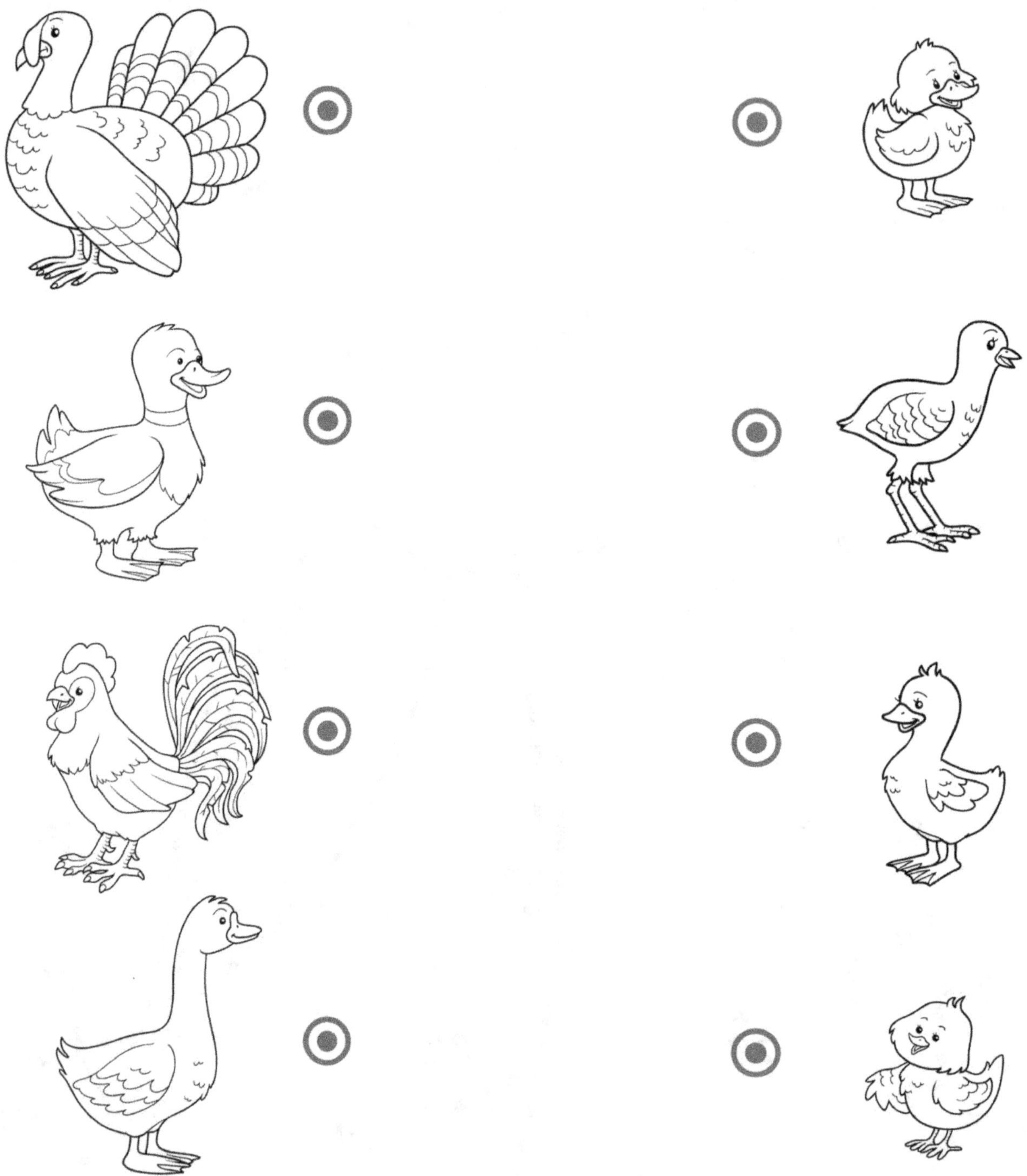

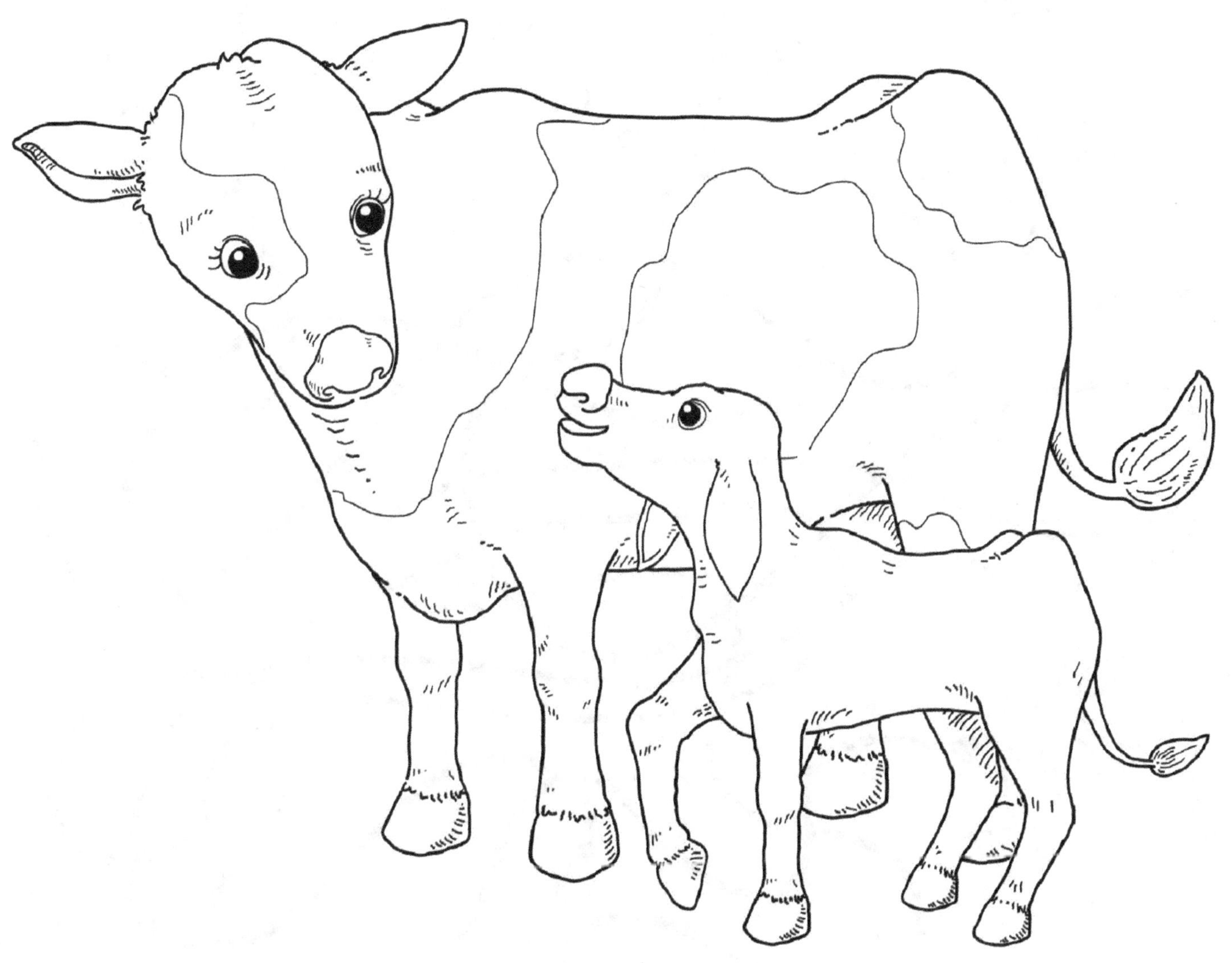

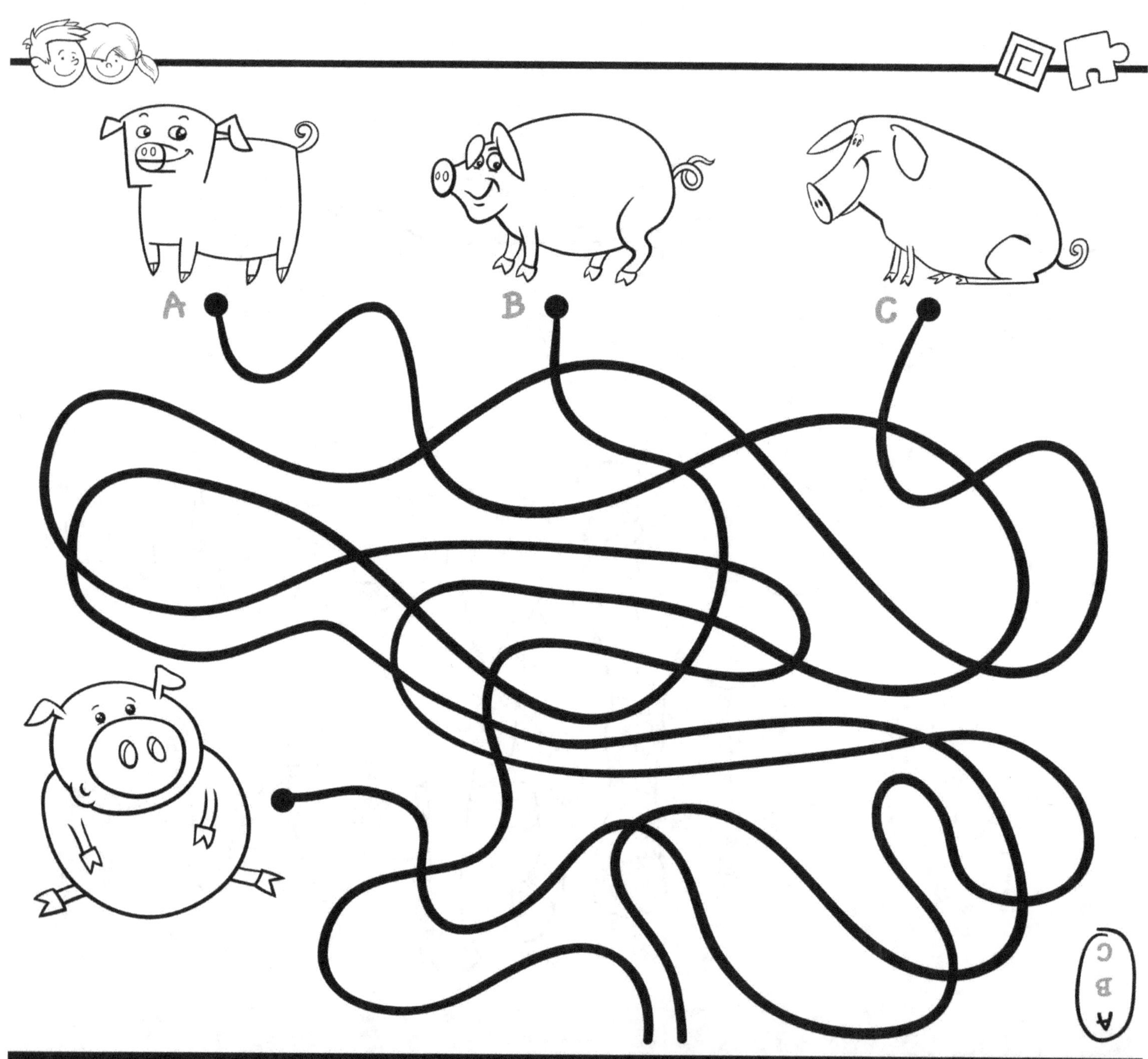

A
B
C
A
B
C

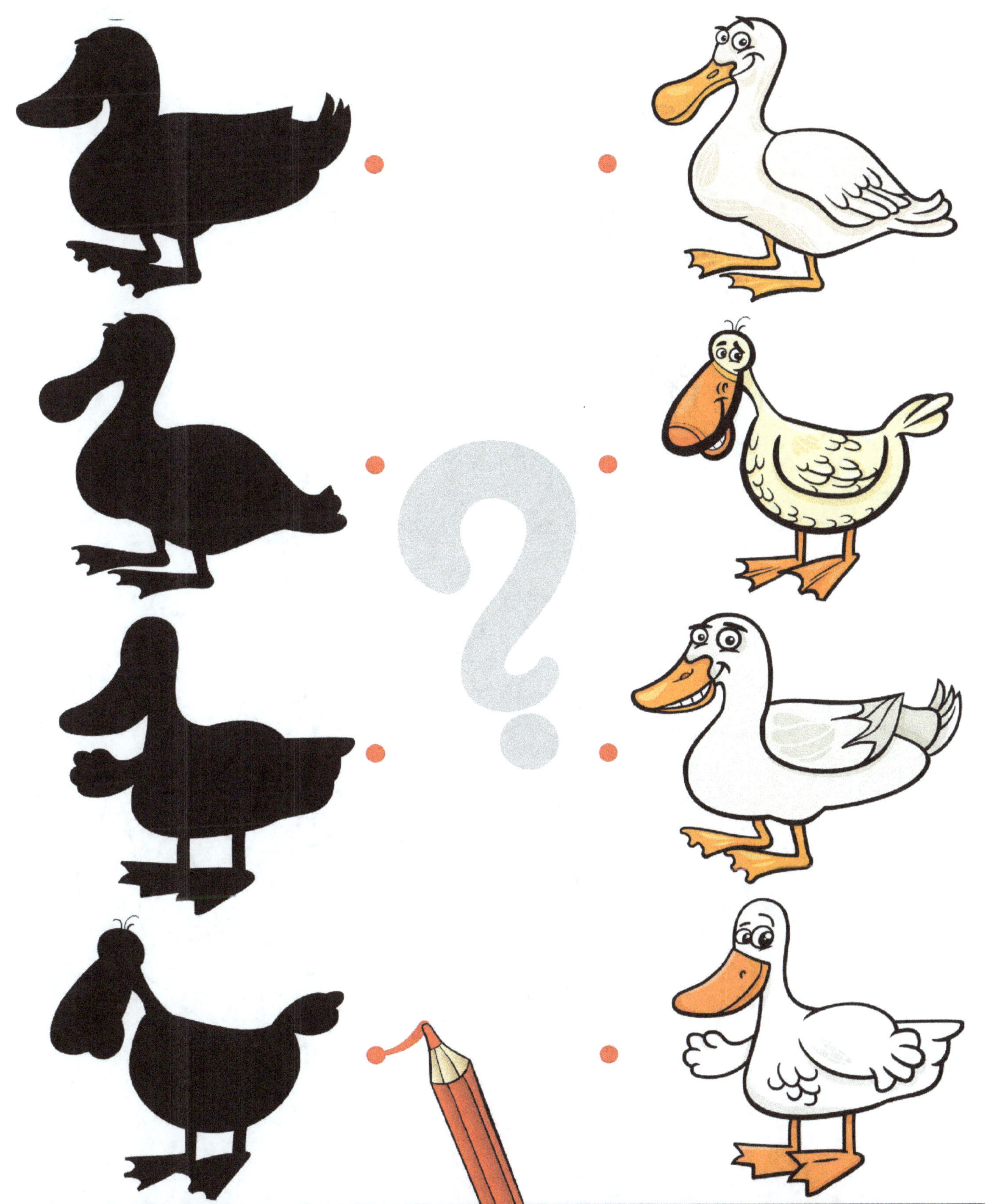

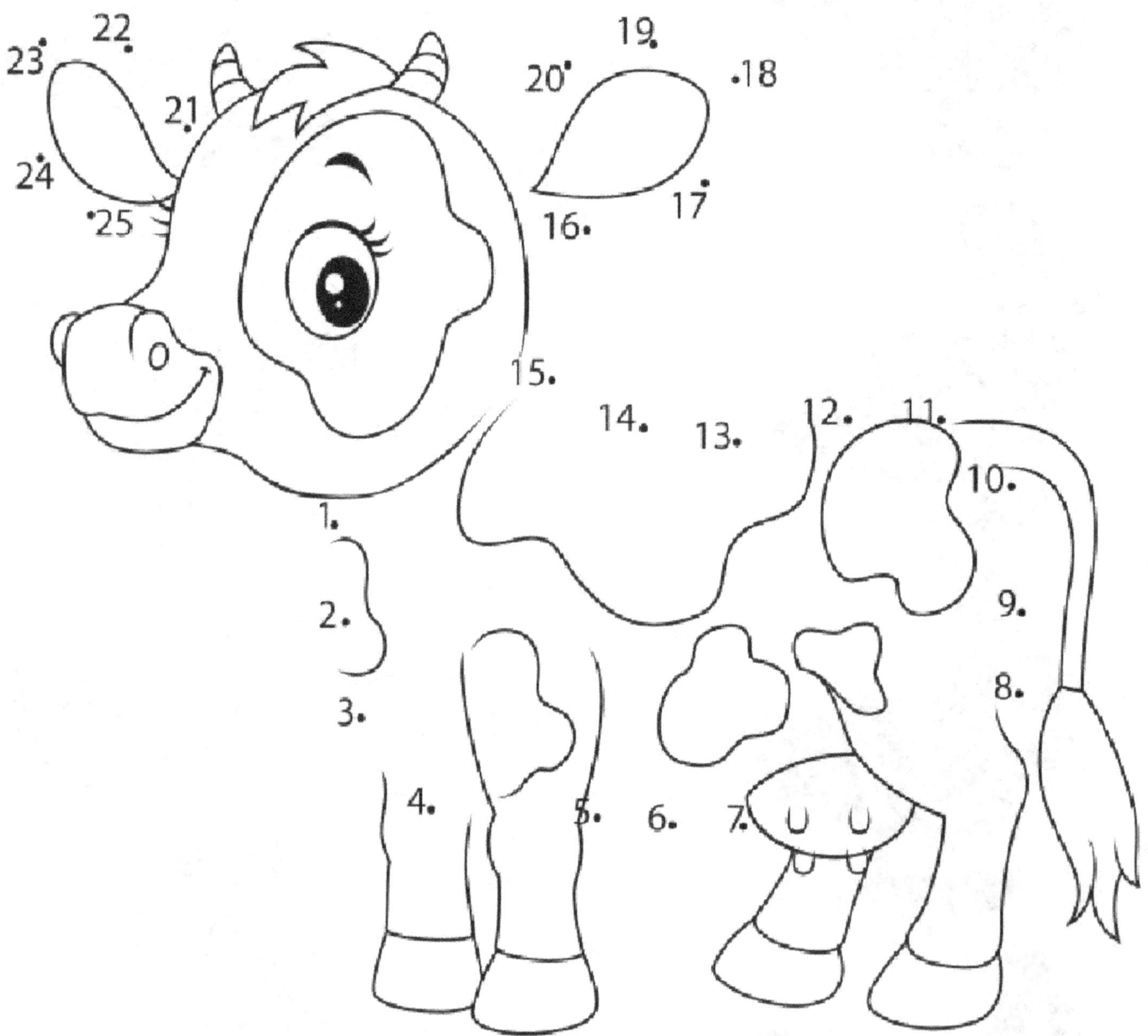
23
22
19
20
18
21
24
25
16
17
15.
14.
13.
12.
11.
10.
1.
9.
2.
8.
3.
4.
5.
6.
7.

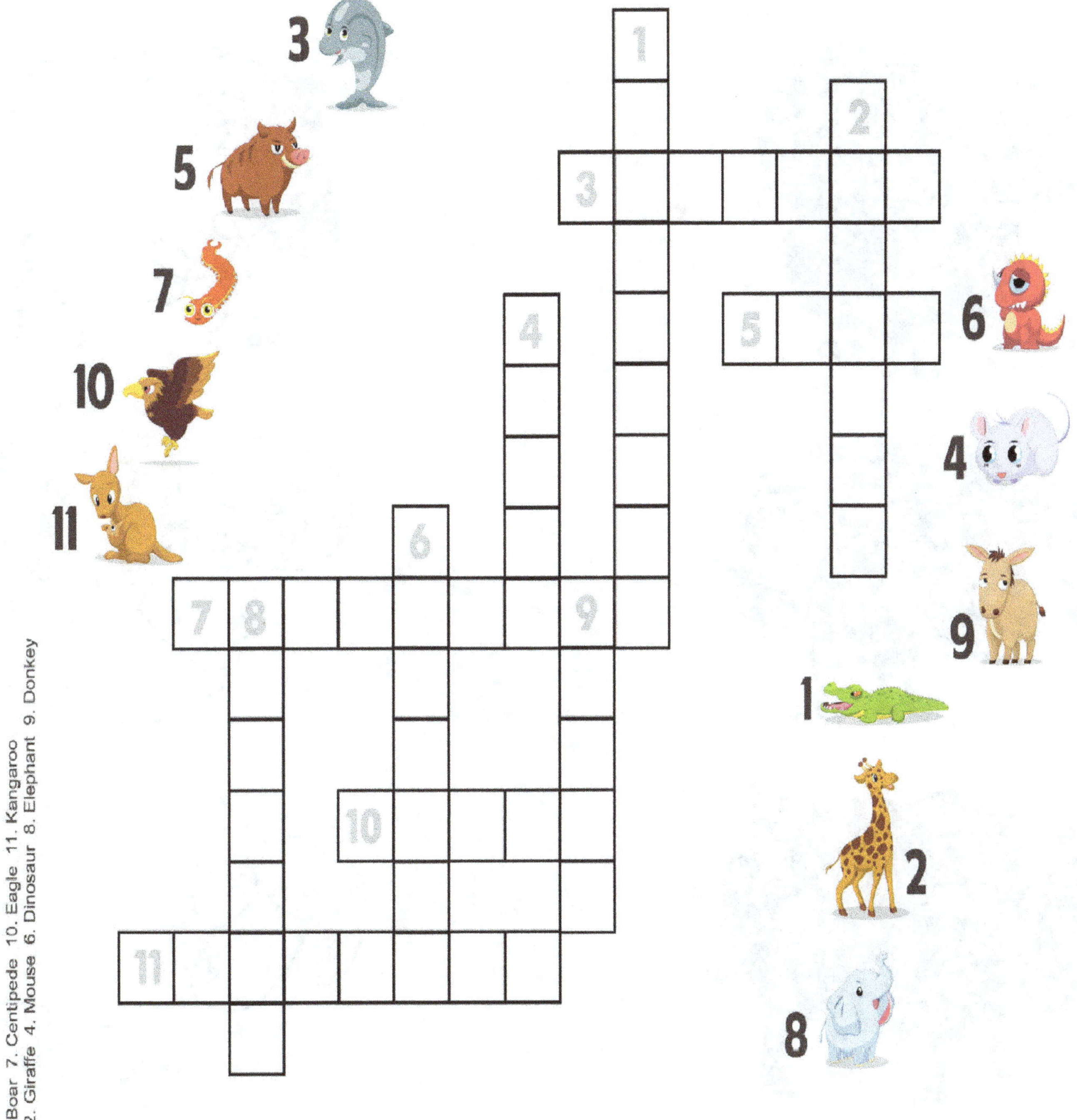

3. Dolphin 5. Boar 7. Centipede 10. Eagle 11. Kangaroo
1. Crocodile 2. Giraffe 4. Mouse 6. Dinosaur 8. Elephant 9. Donkey

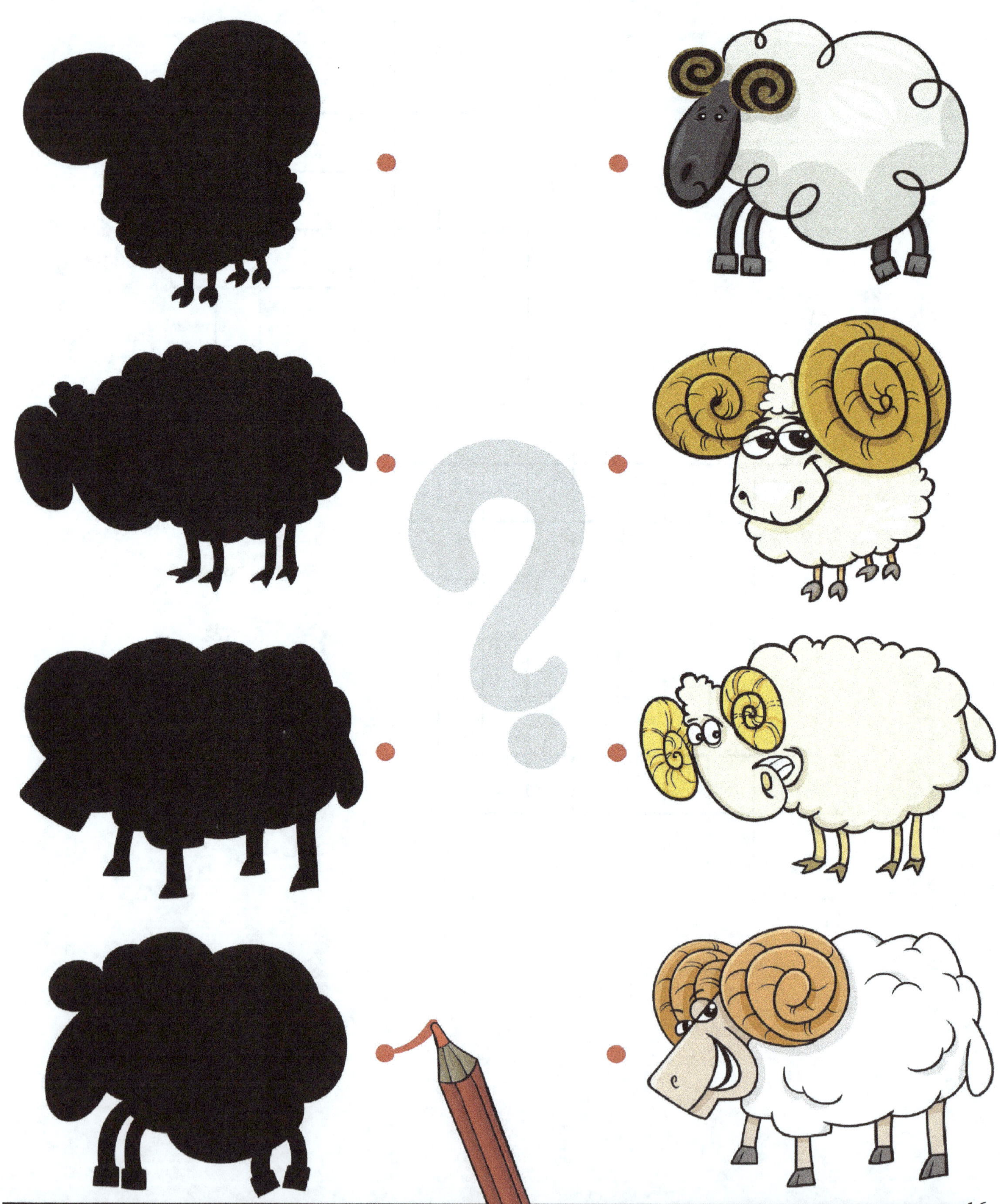

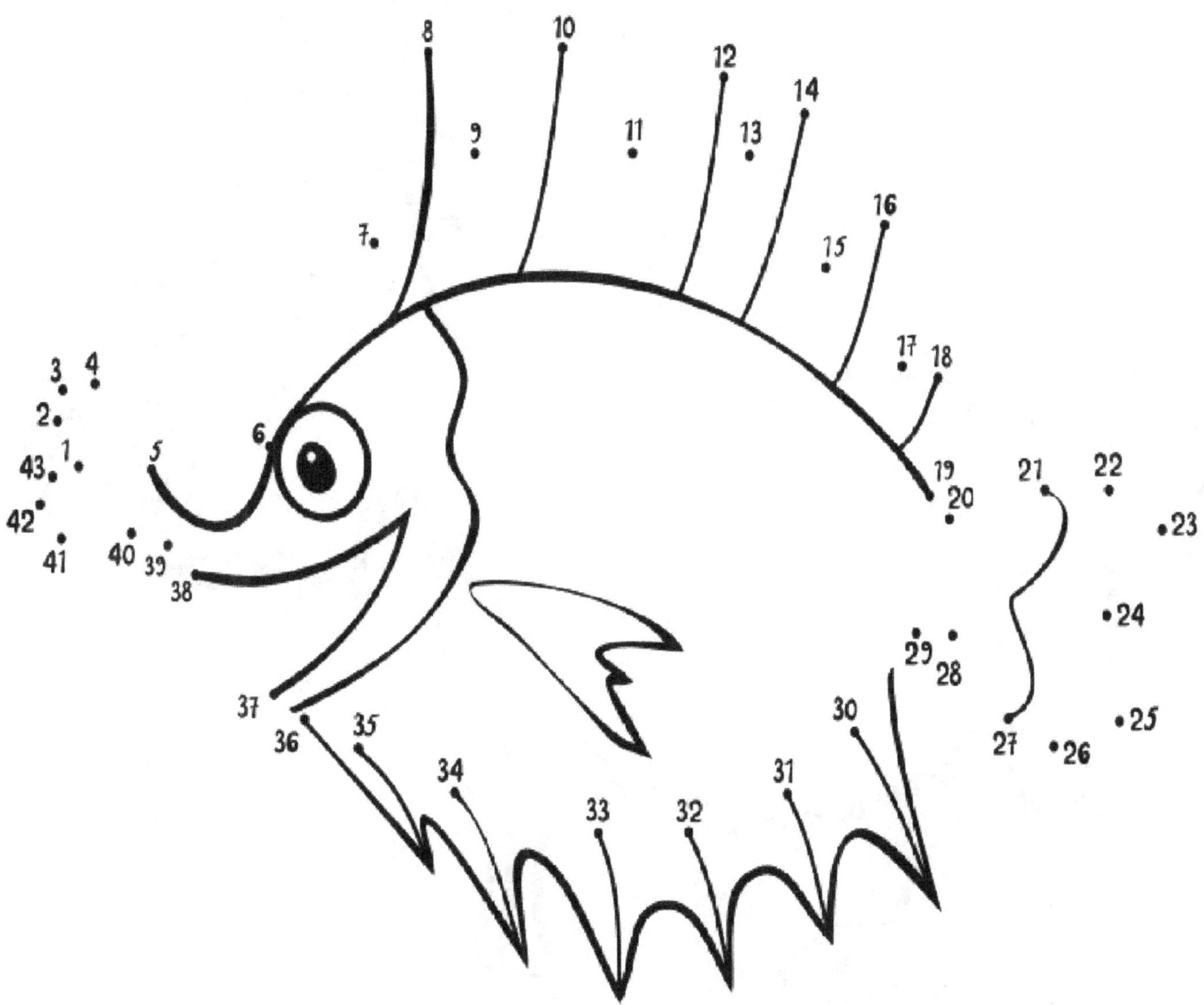

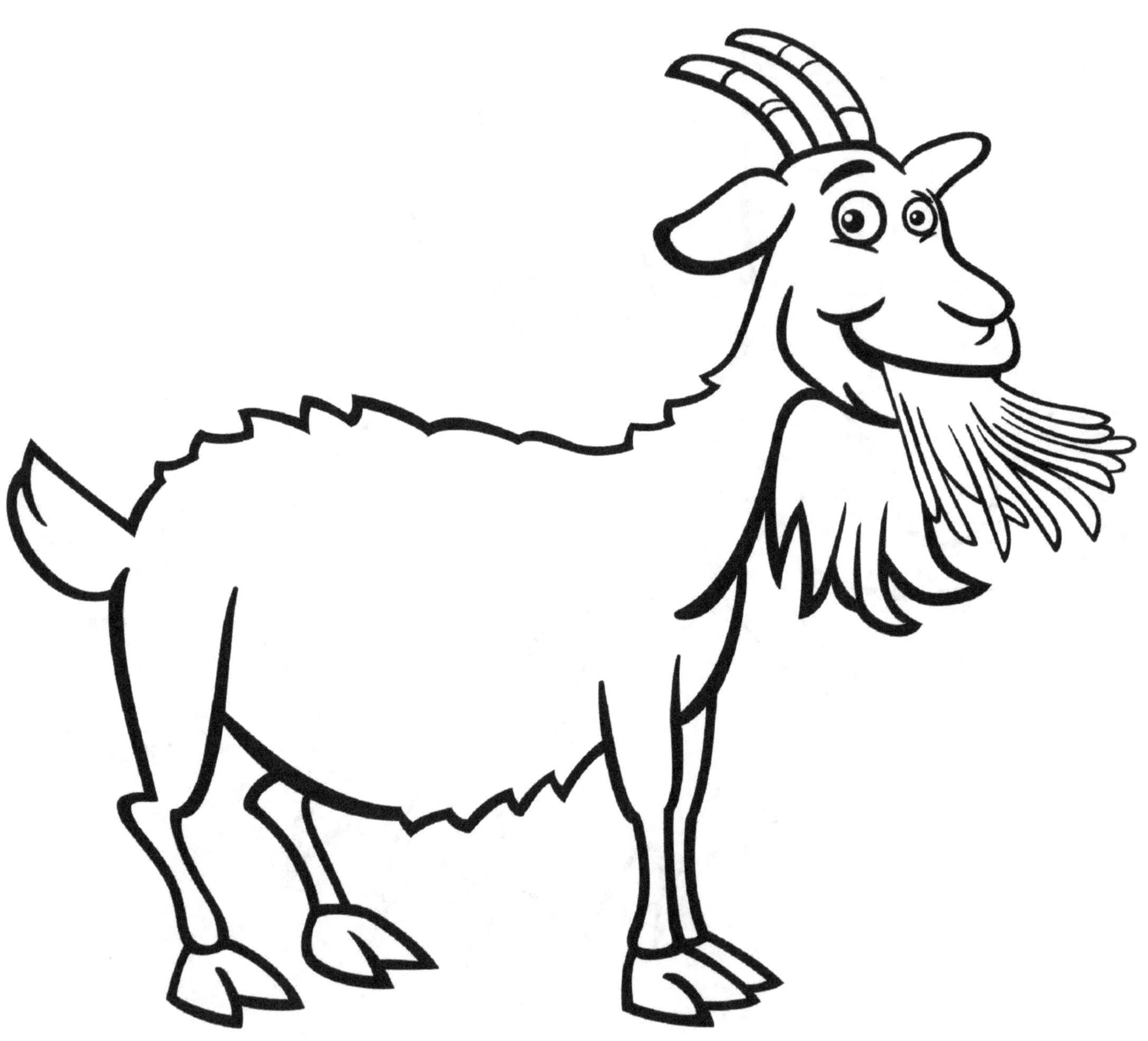

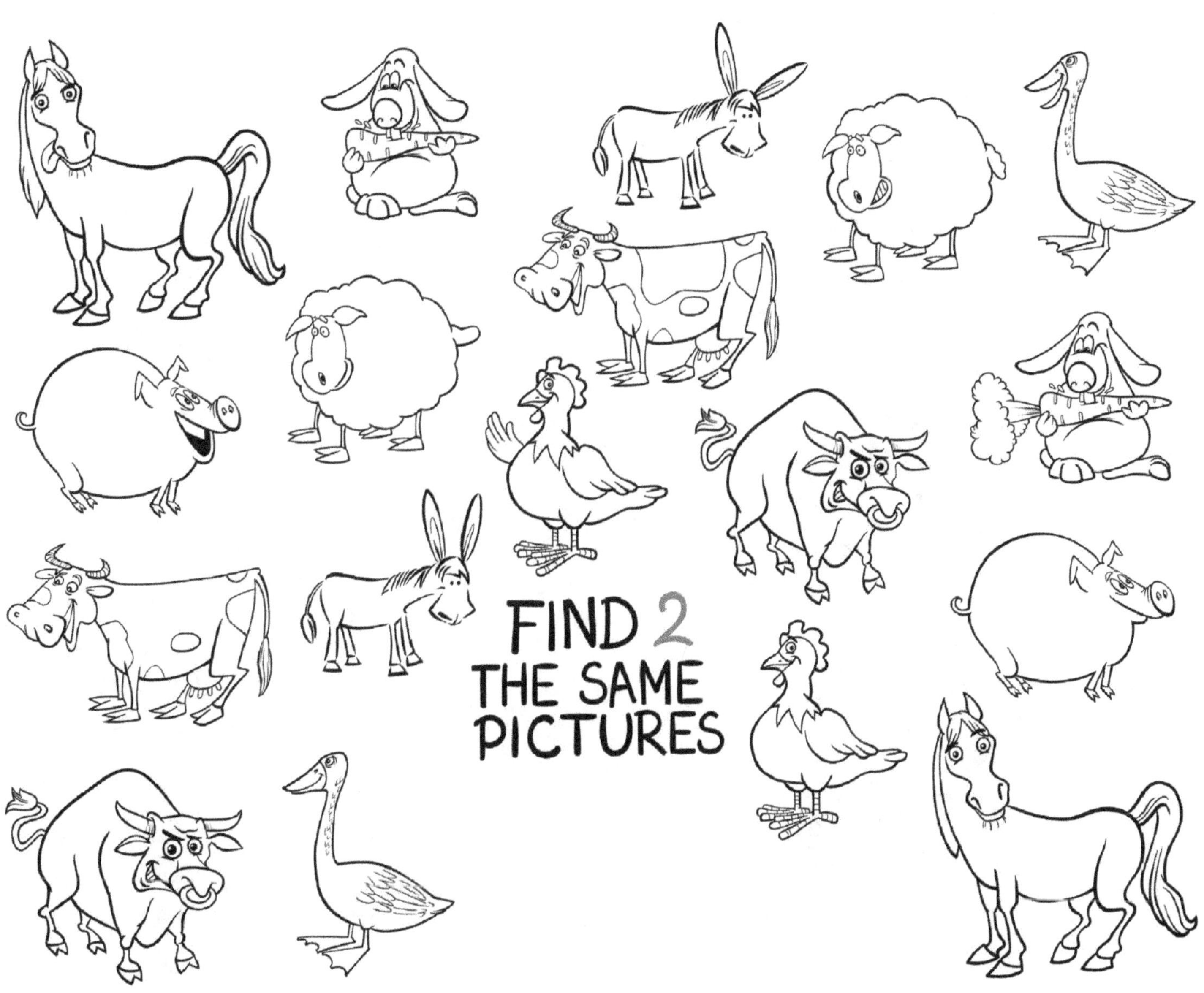
FIND 2
THE SAME
PICTURES

Match the animals with their babies

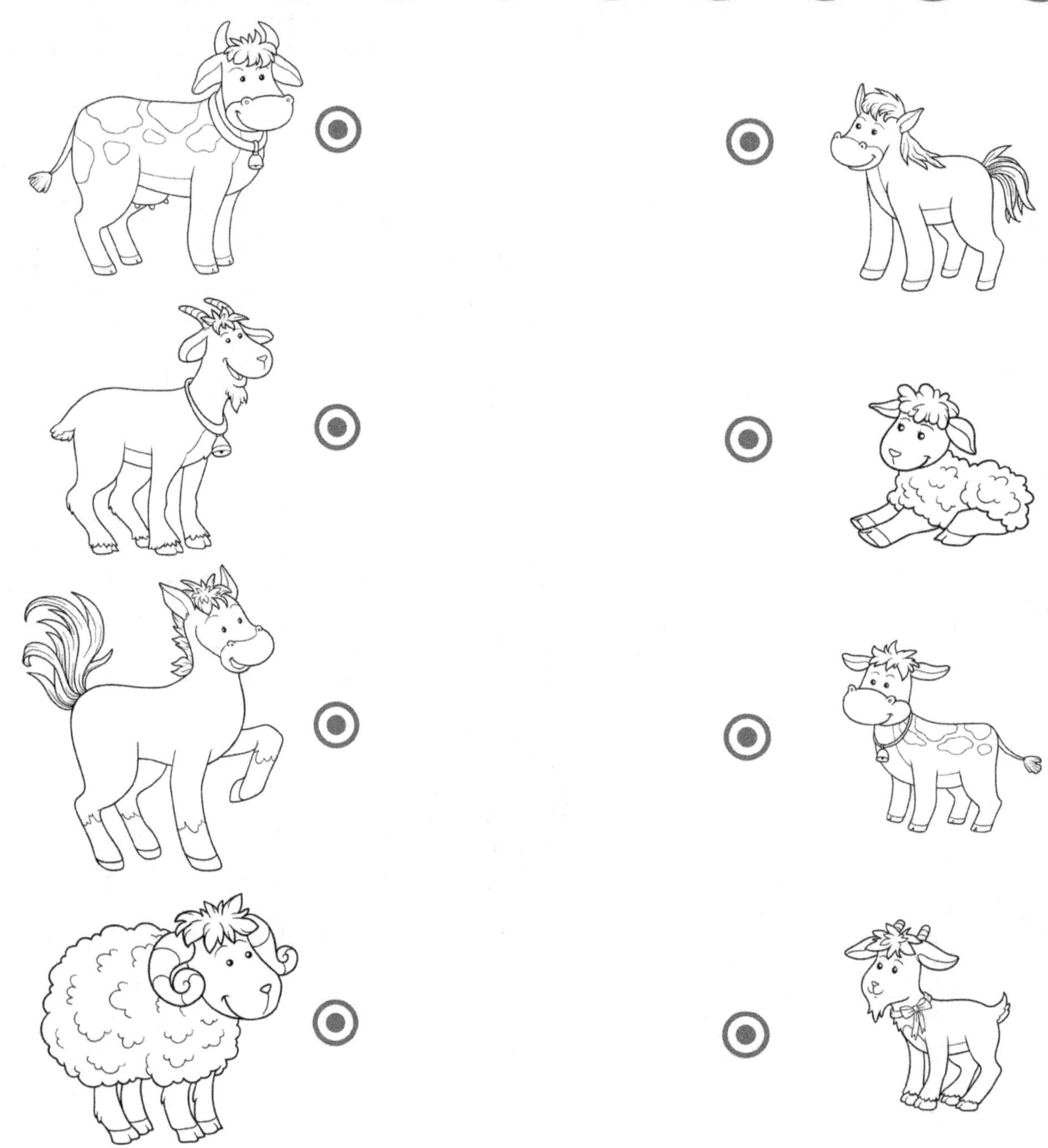

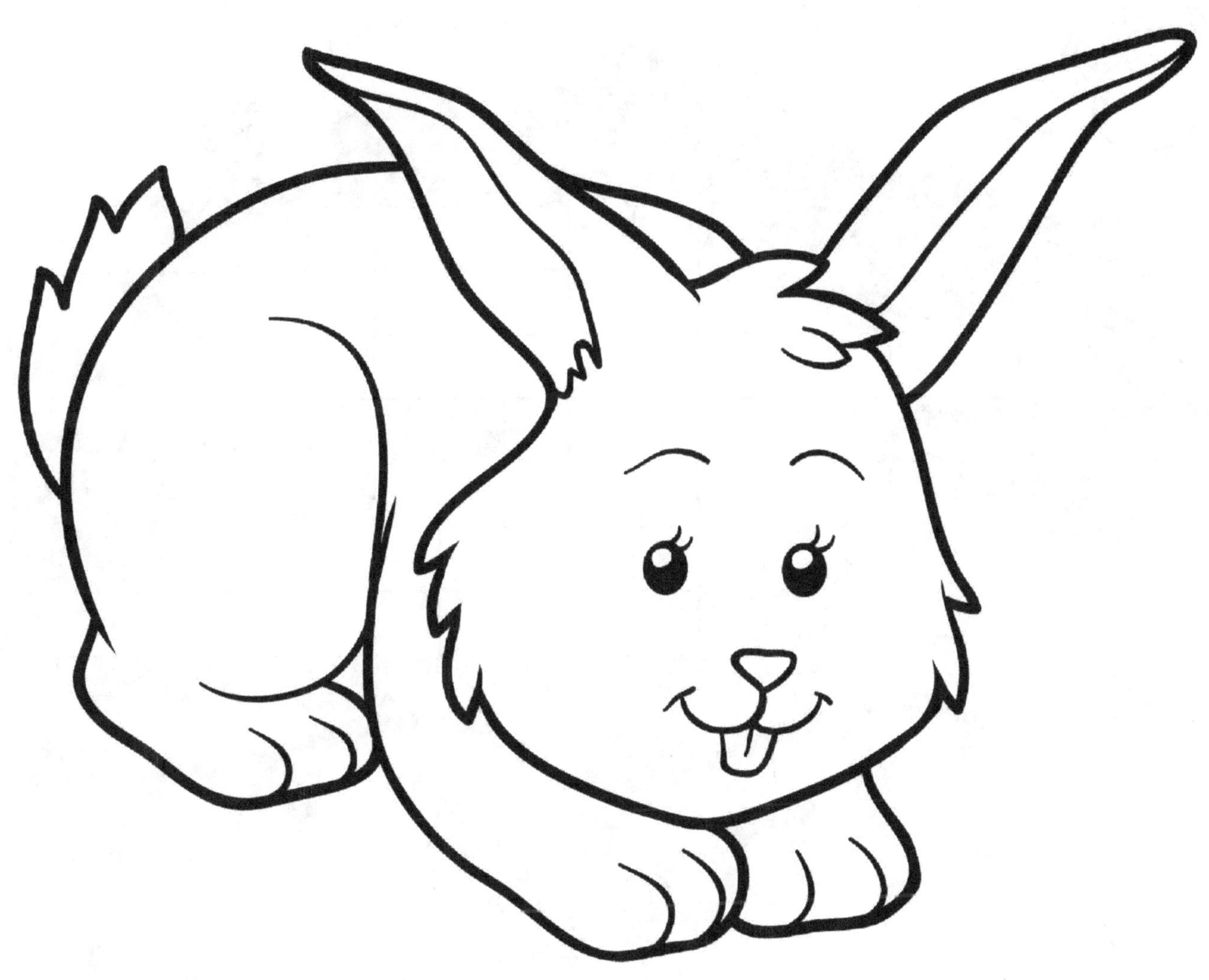

1. Cherry 2. Cranberry 3. Blackcurrant
4. Olive 5. Blueberry 6. Raspberry
7. Strawberry
Answer: HARVEST

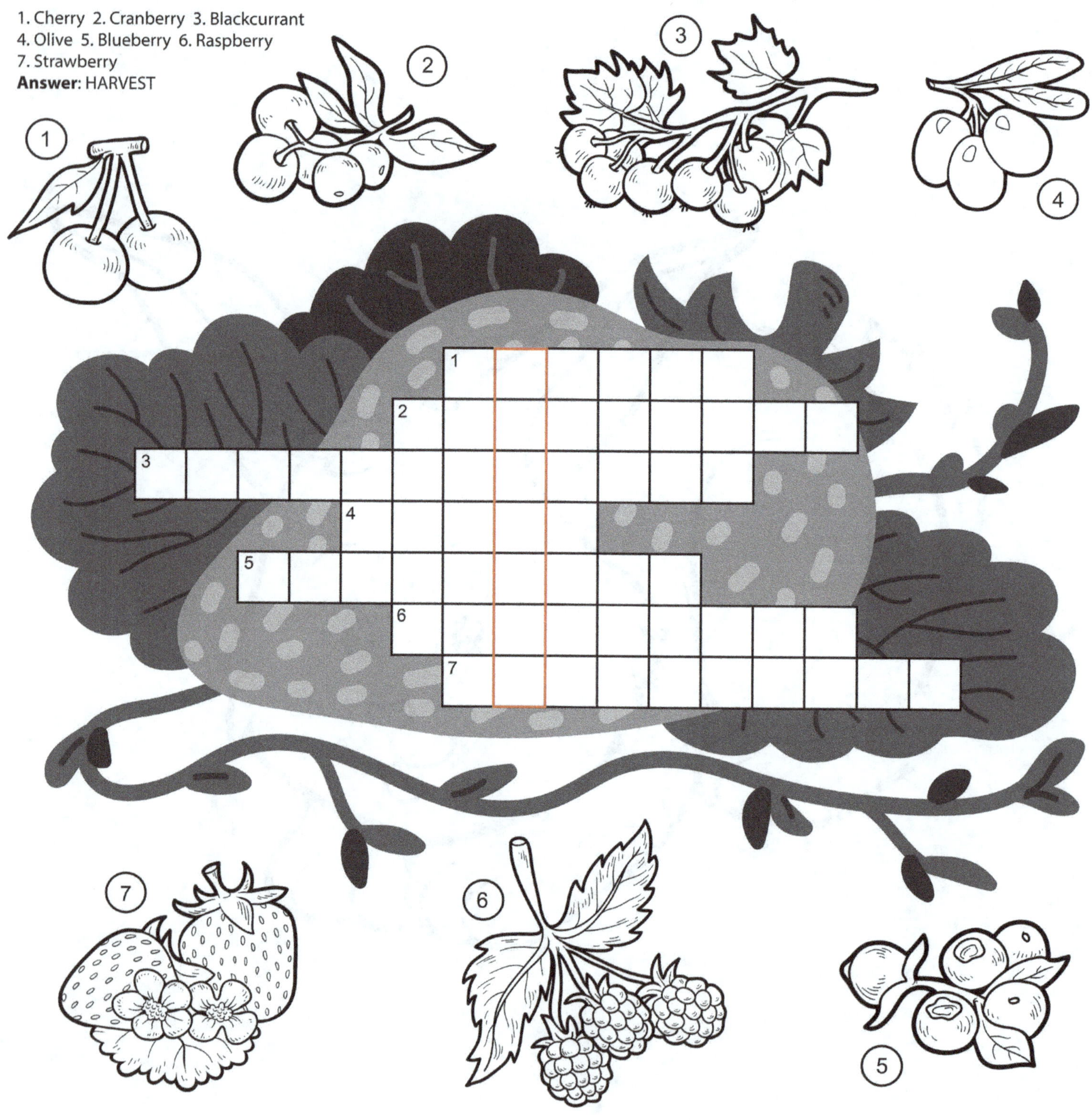

Find the correct shadow

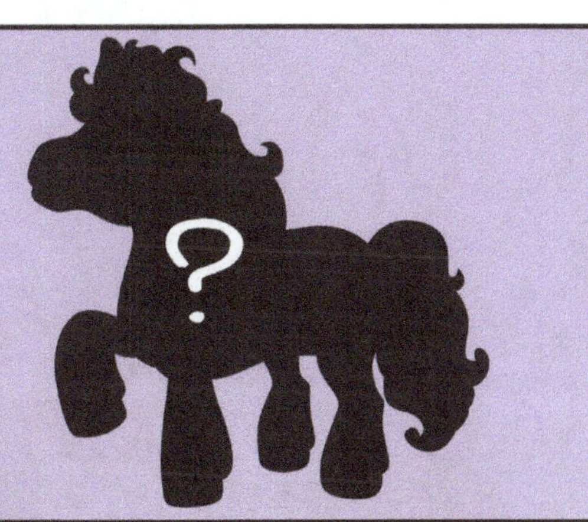

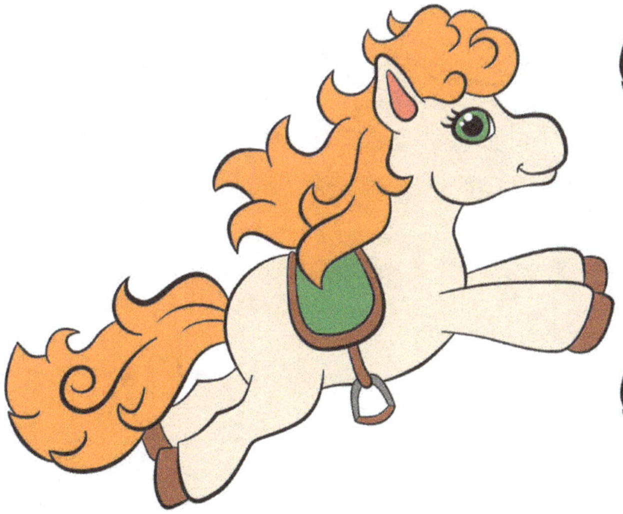

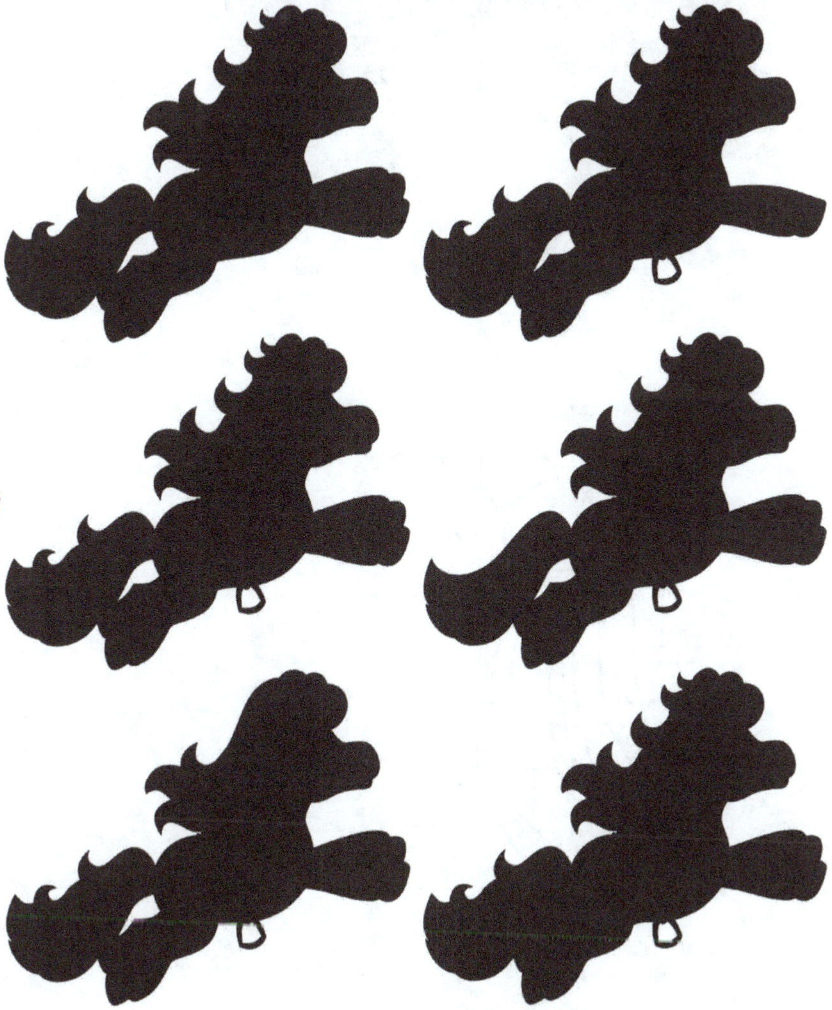

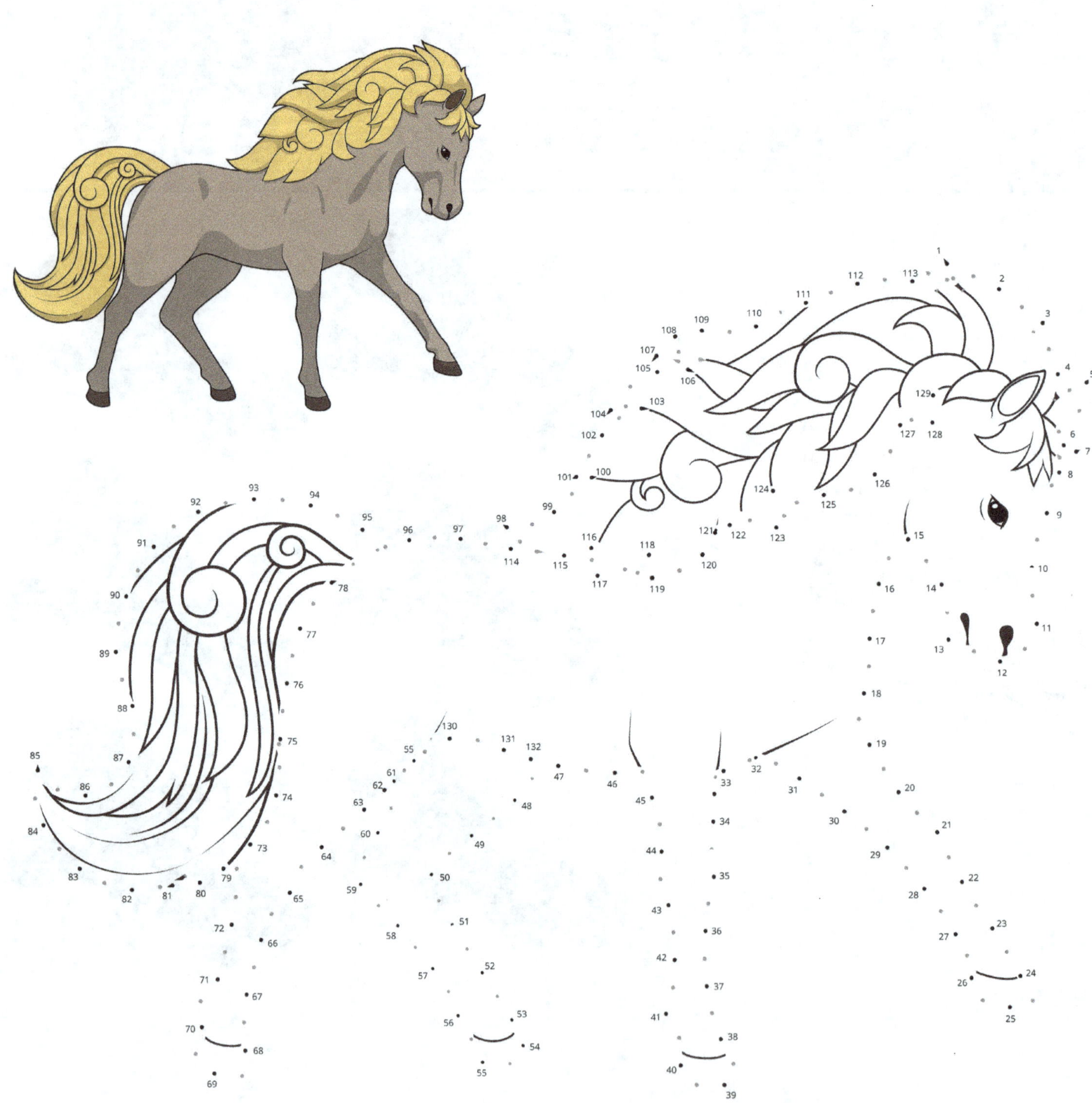

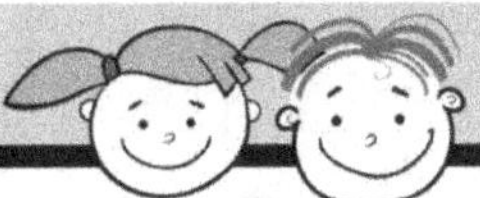
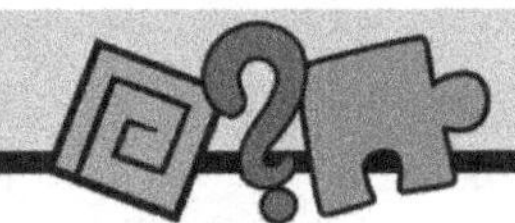

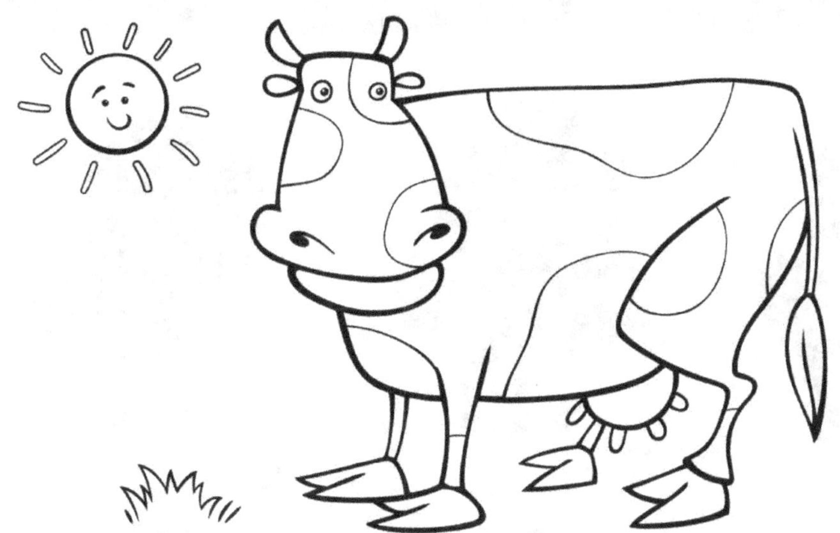

FIND
5
DIFFERENCES

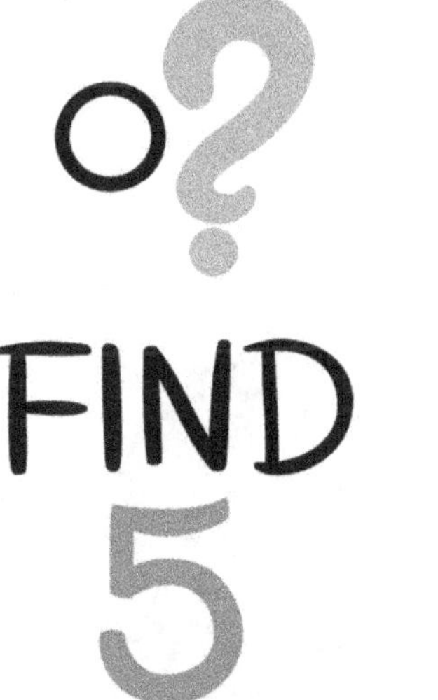
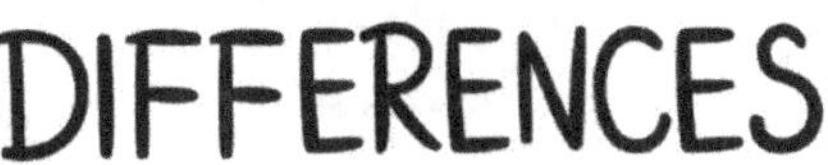

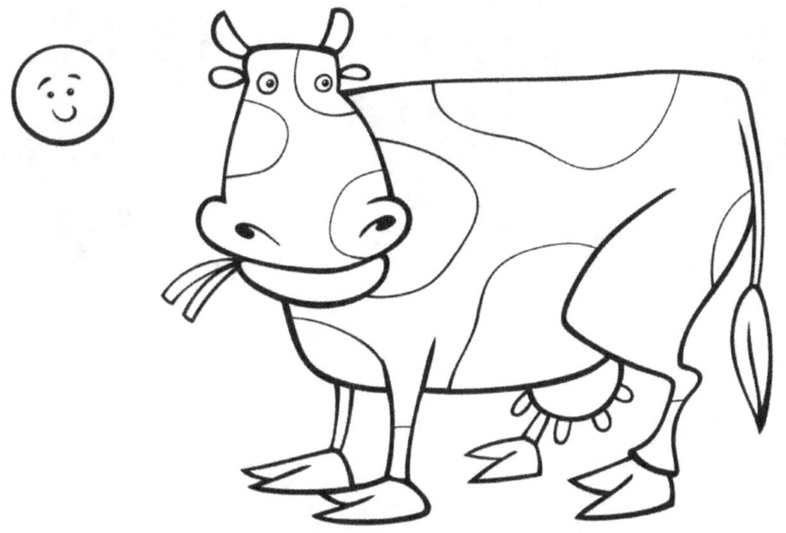

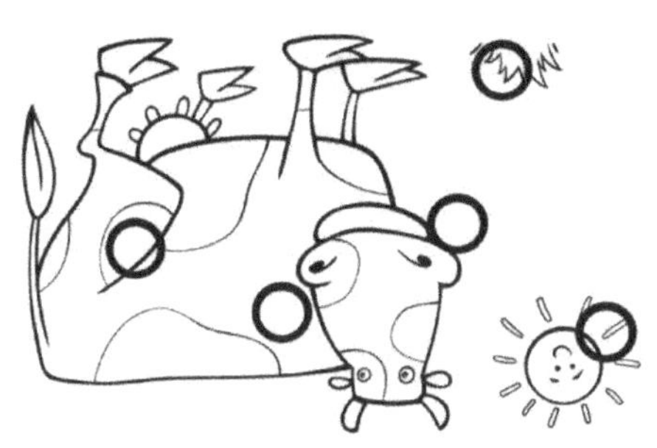

Find the correct shadow

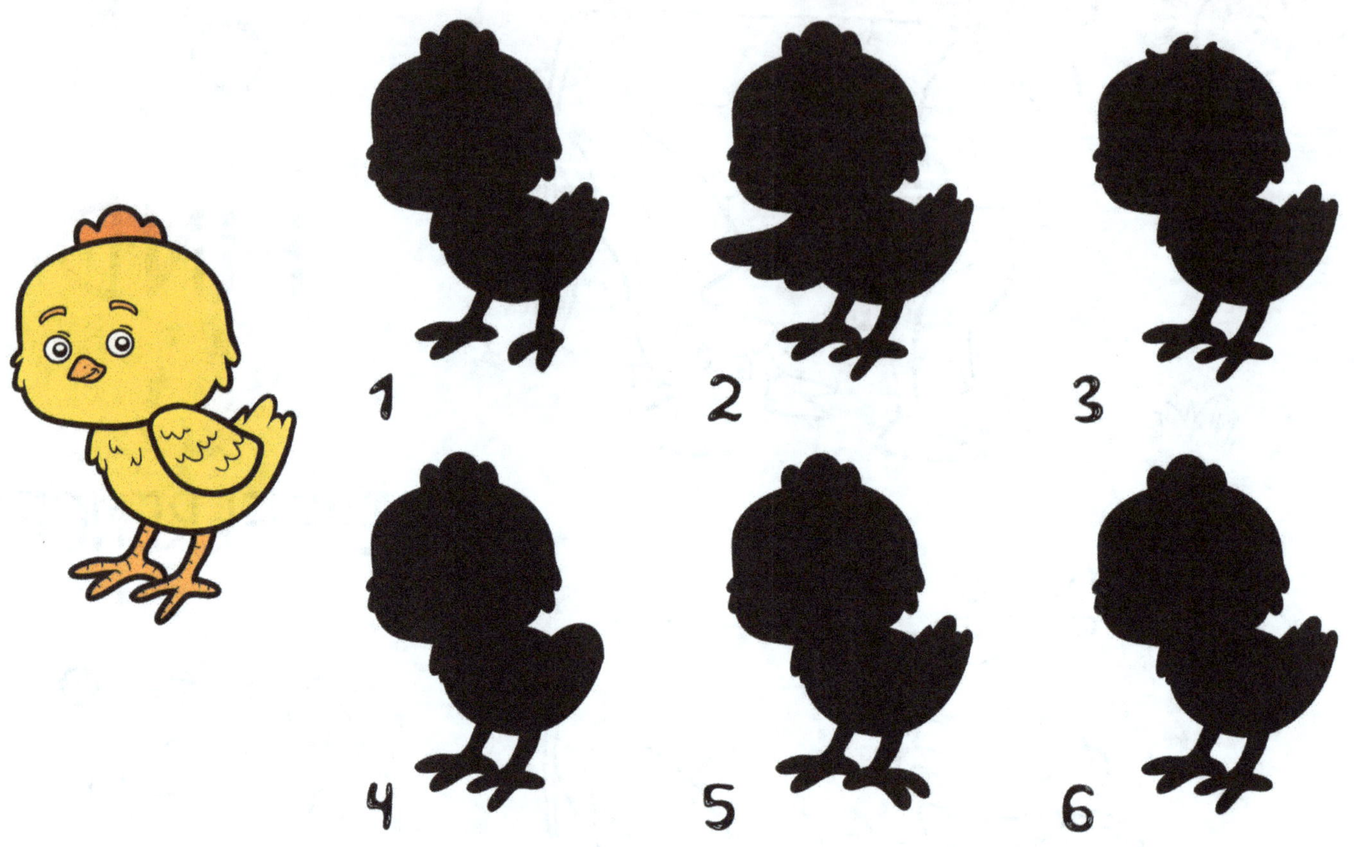

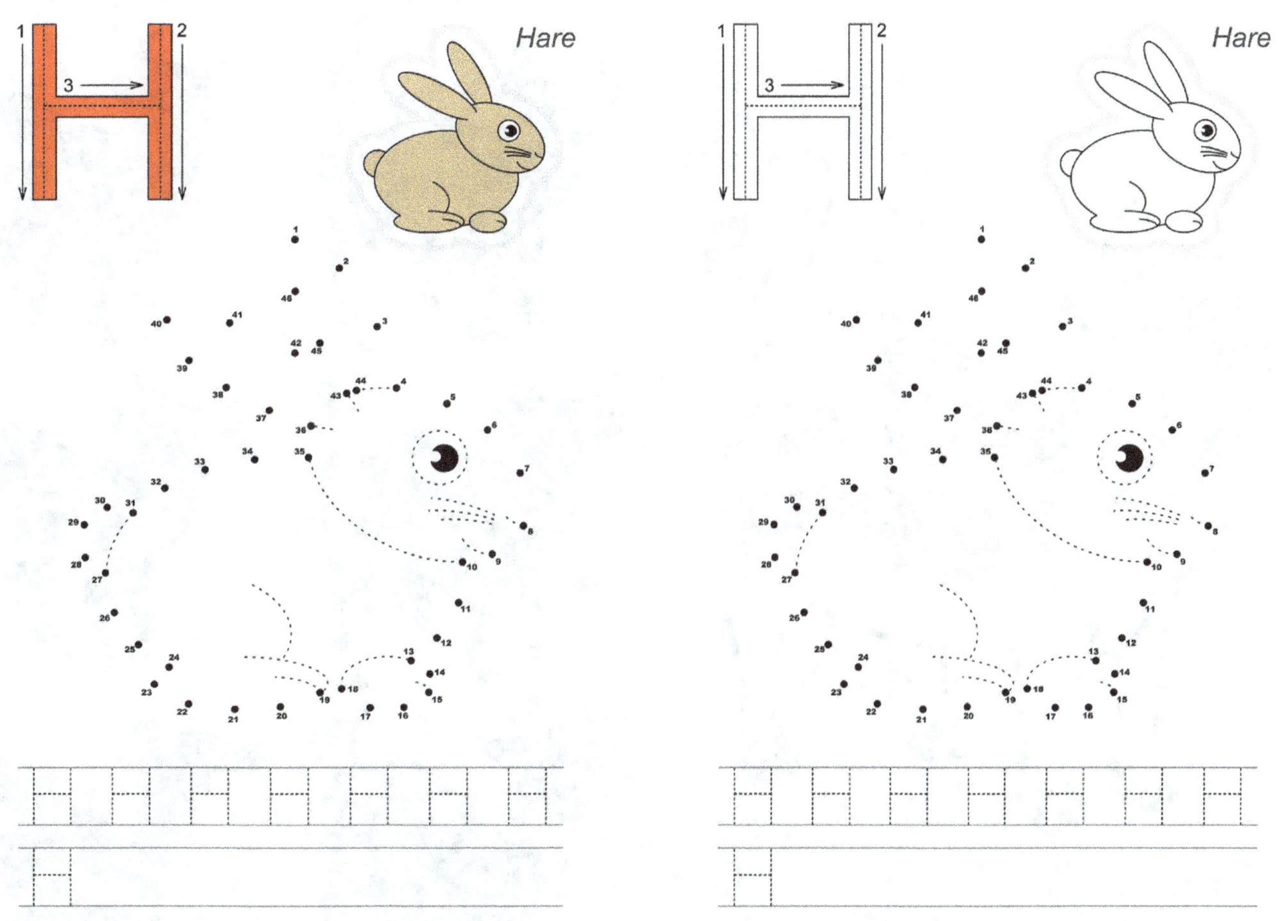

Hare
Hare

Find the correct shadow

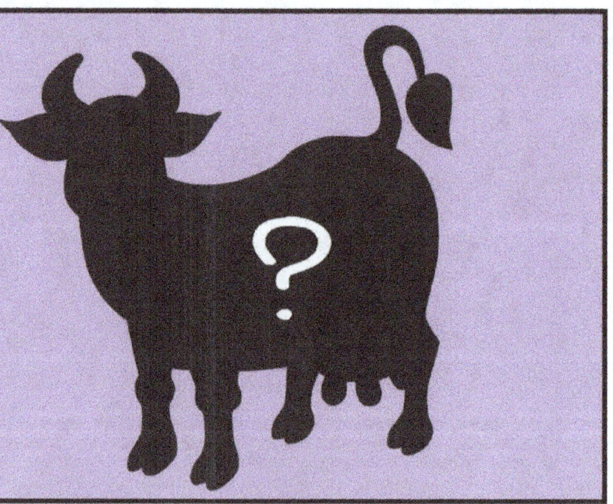

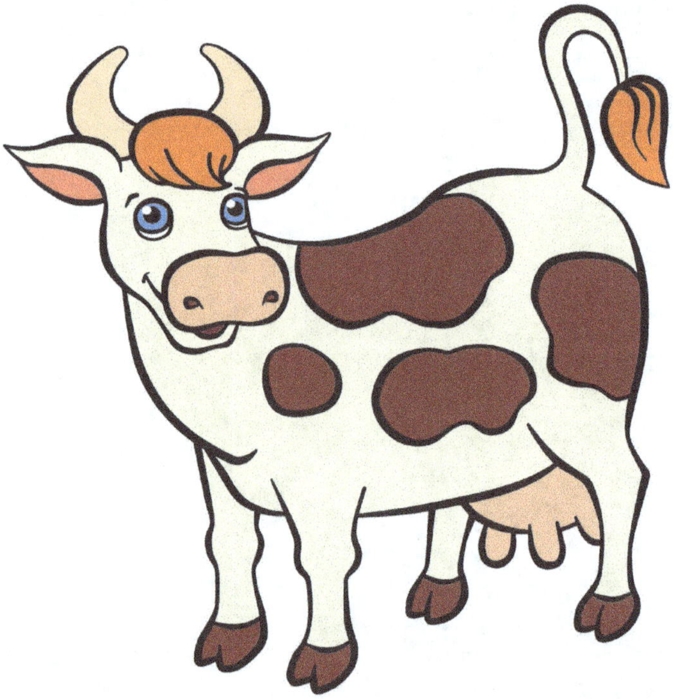

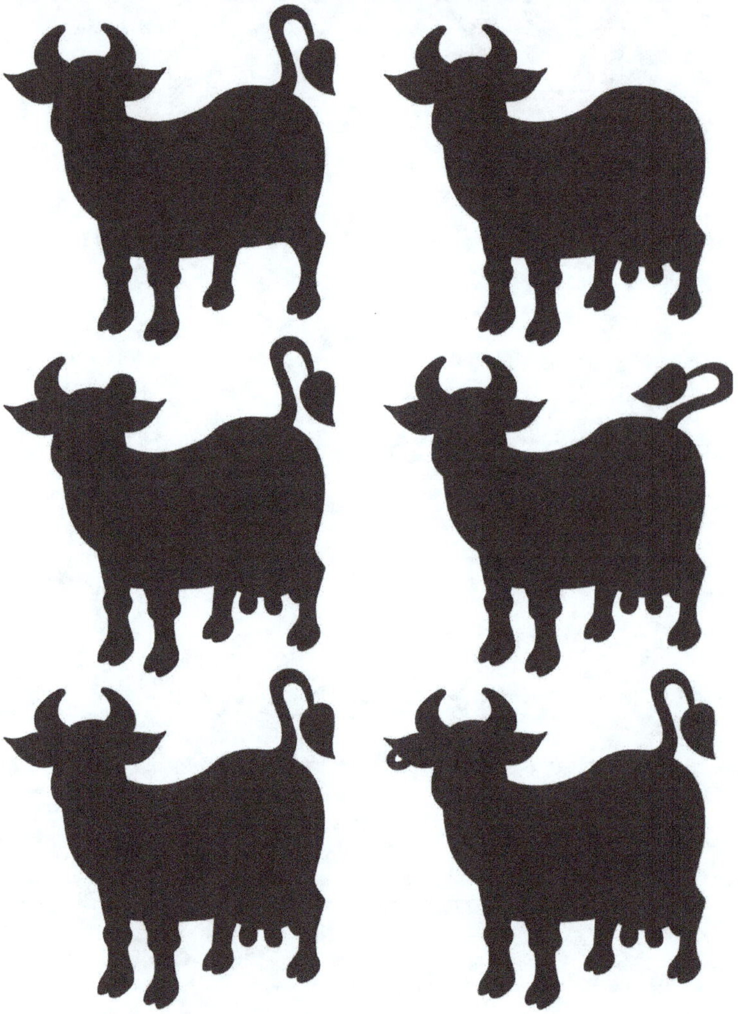

1. Gooseberry 2. Rosehip 3. Strawberry
4. Blackcurrant 5. Raspberry
6. (across) Blackberry 6. (down) Blueberry
7. Cranberry 8. Olive 9. Cherry

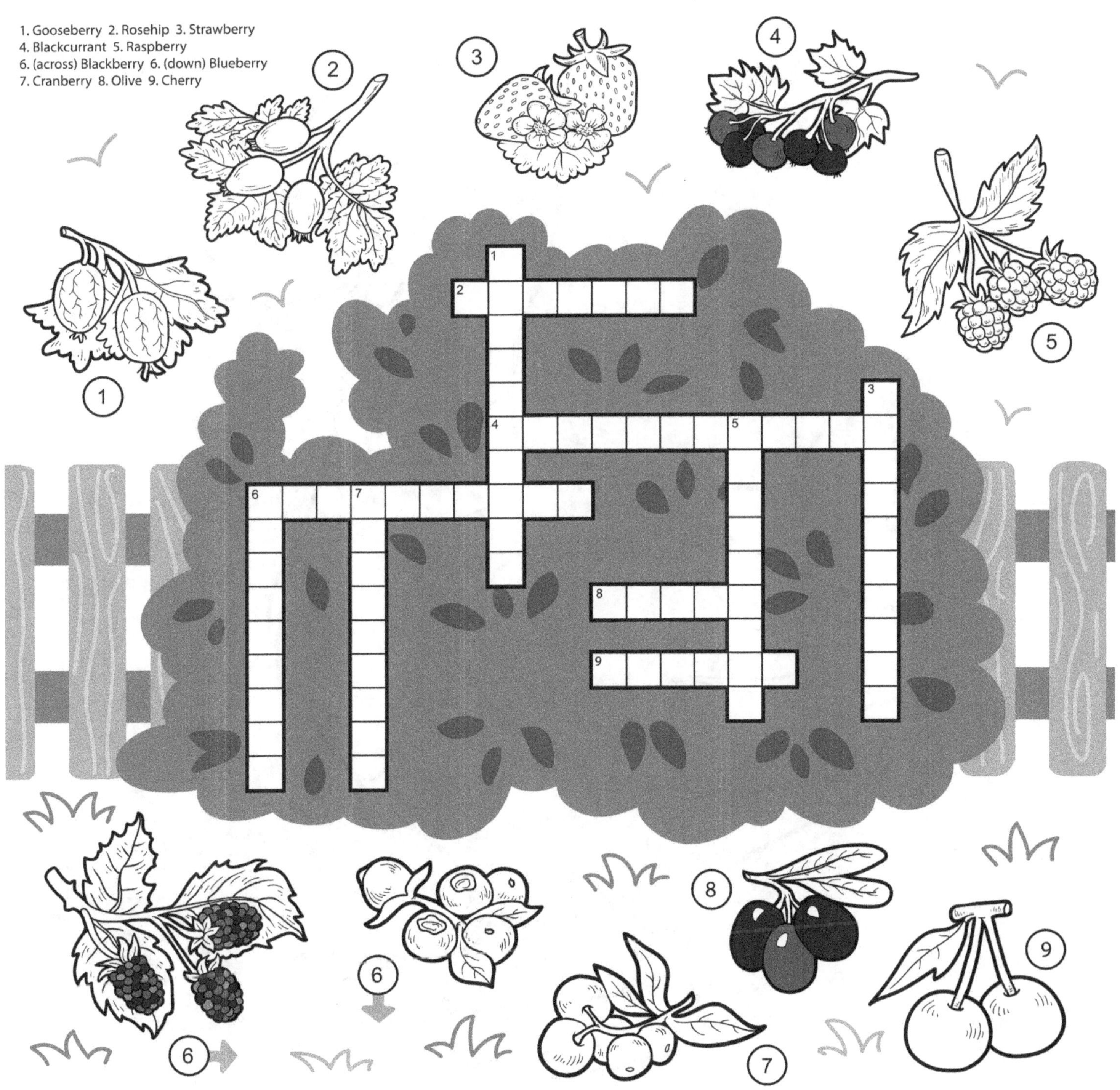

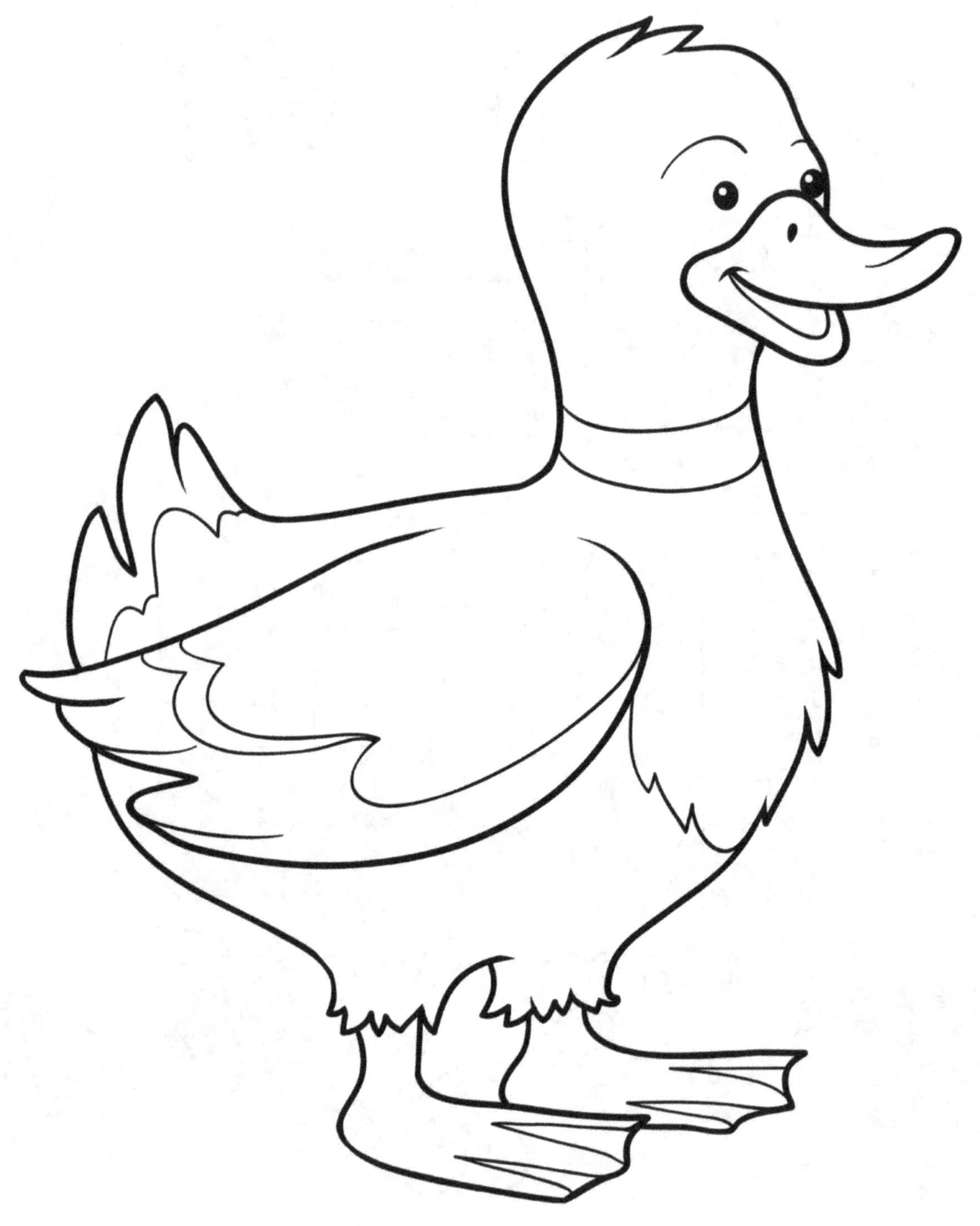

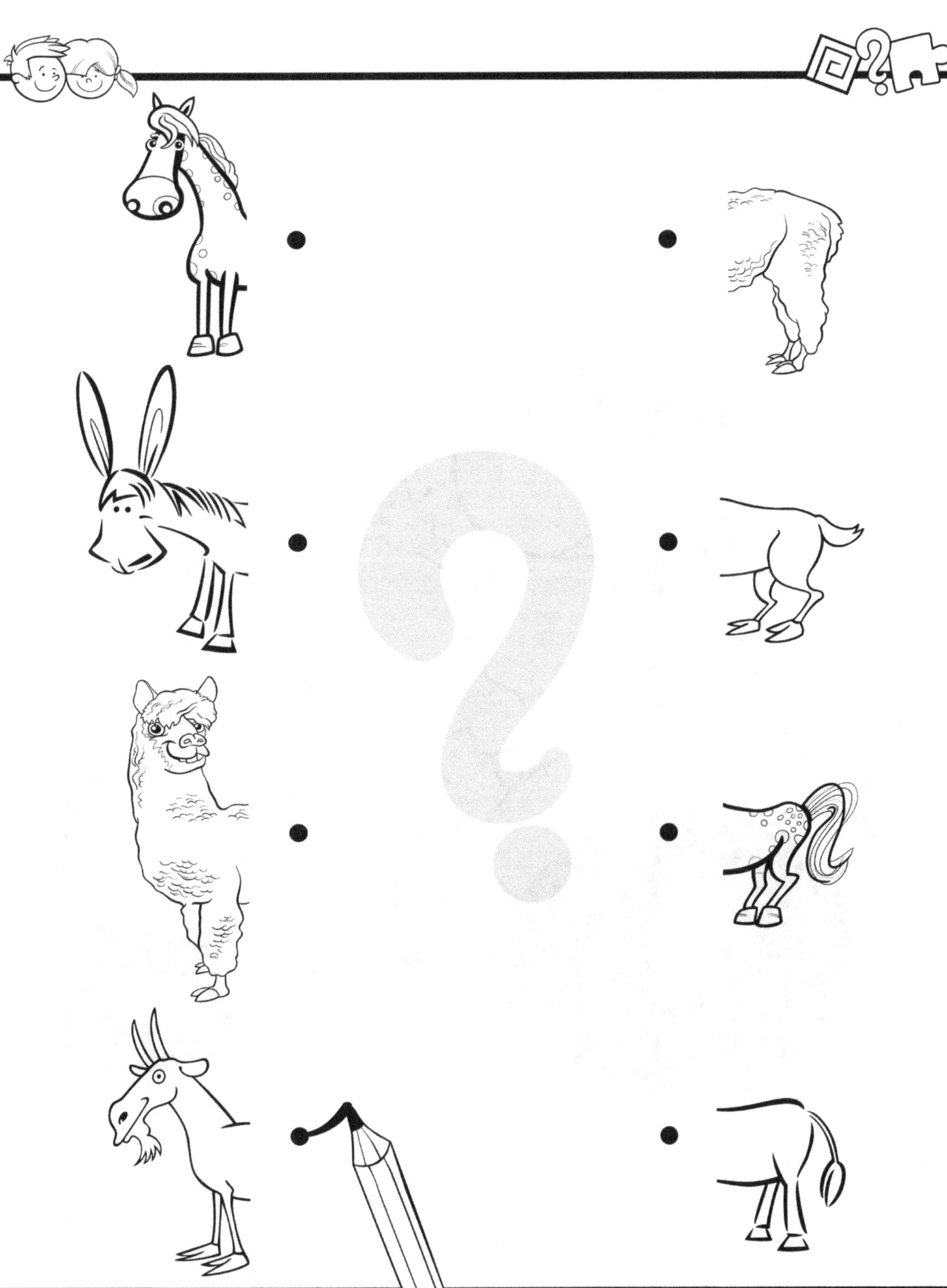

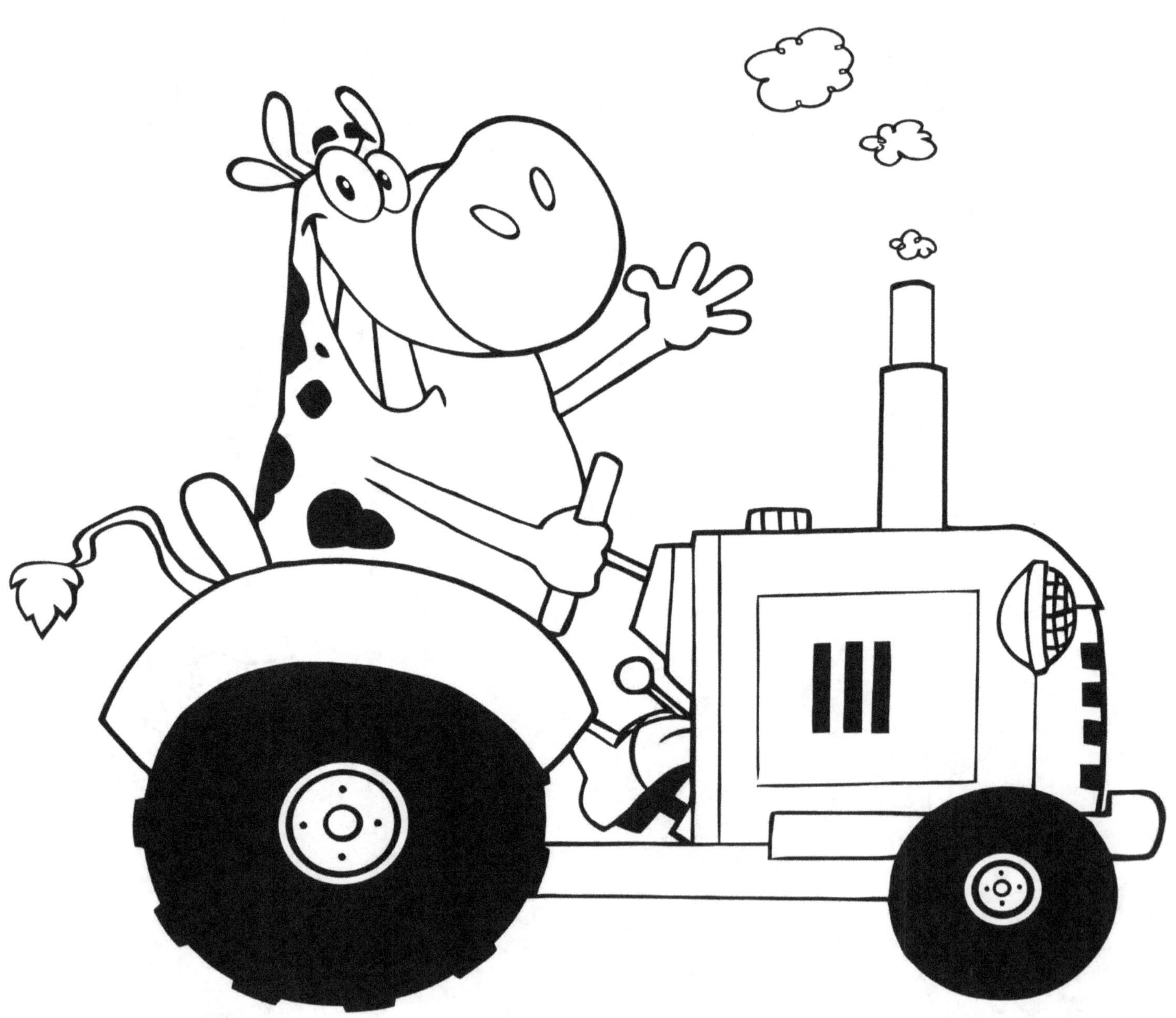

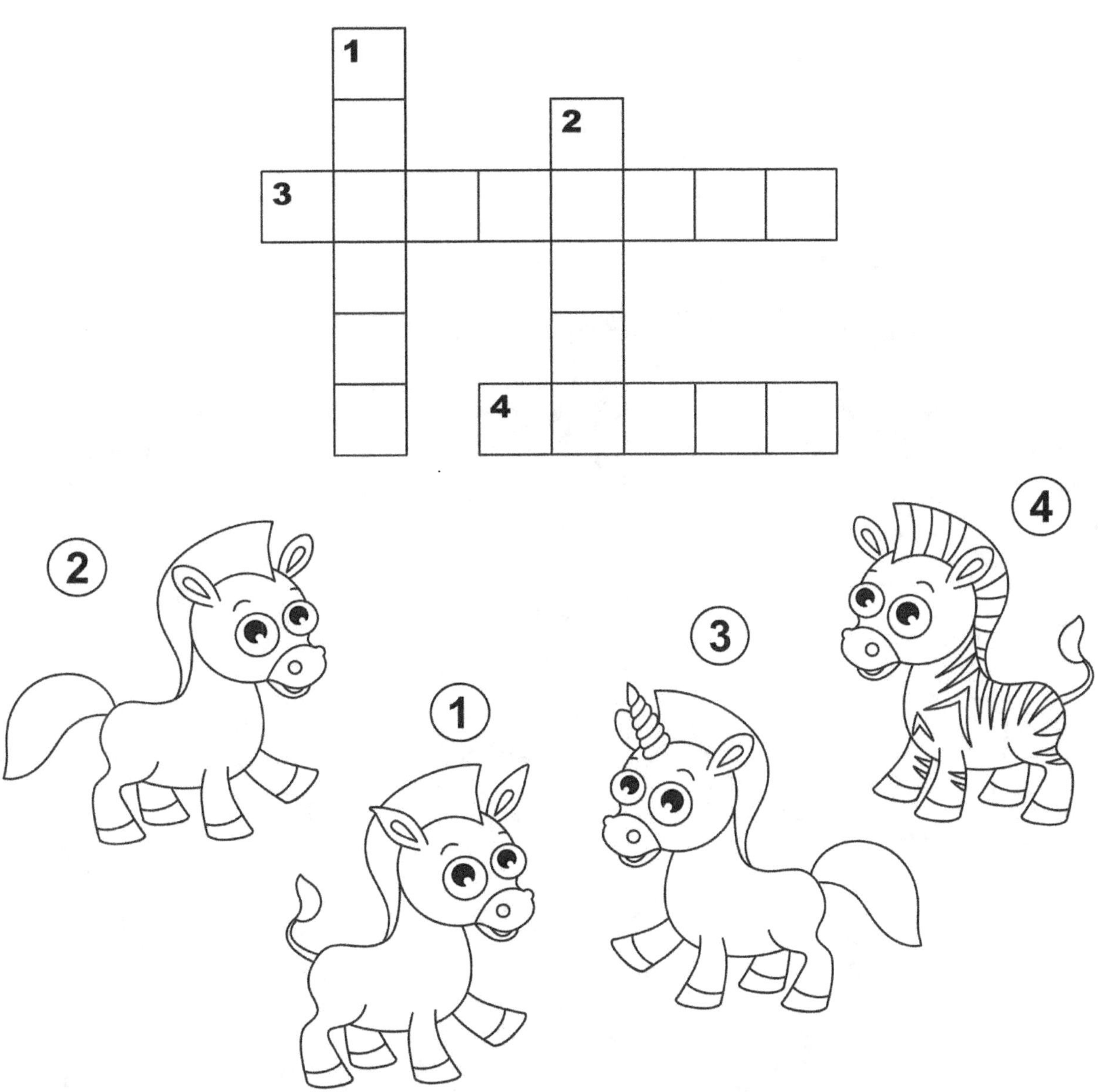

Answer: 1. Donkey. 2. Horse. 3. Unicorn. 4 . Zebra.

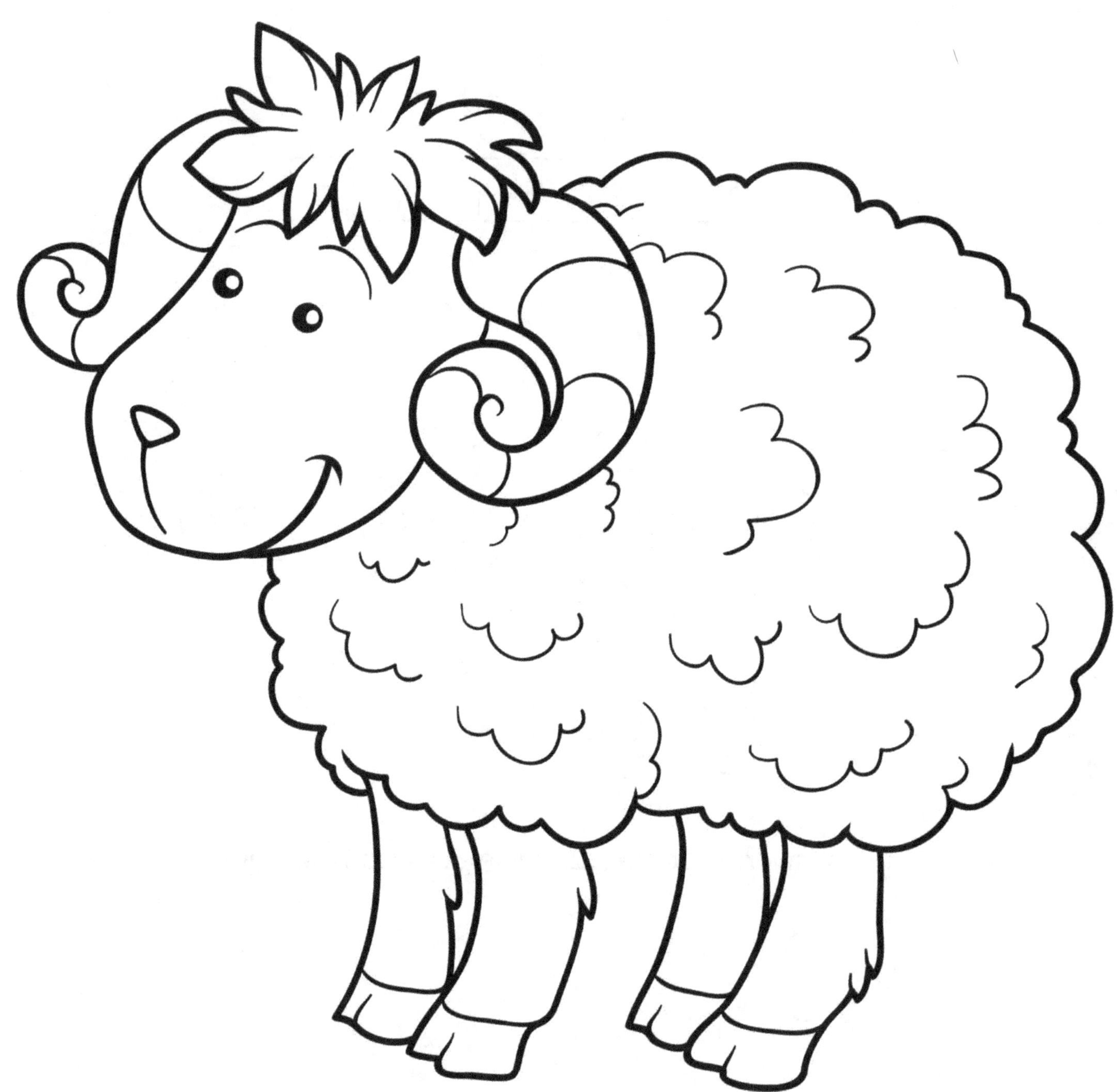

Match animals and suitable objects

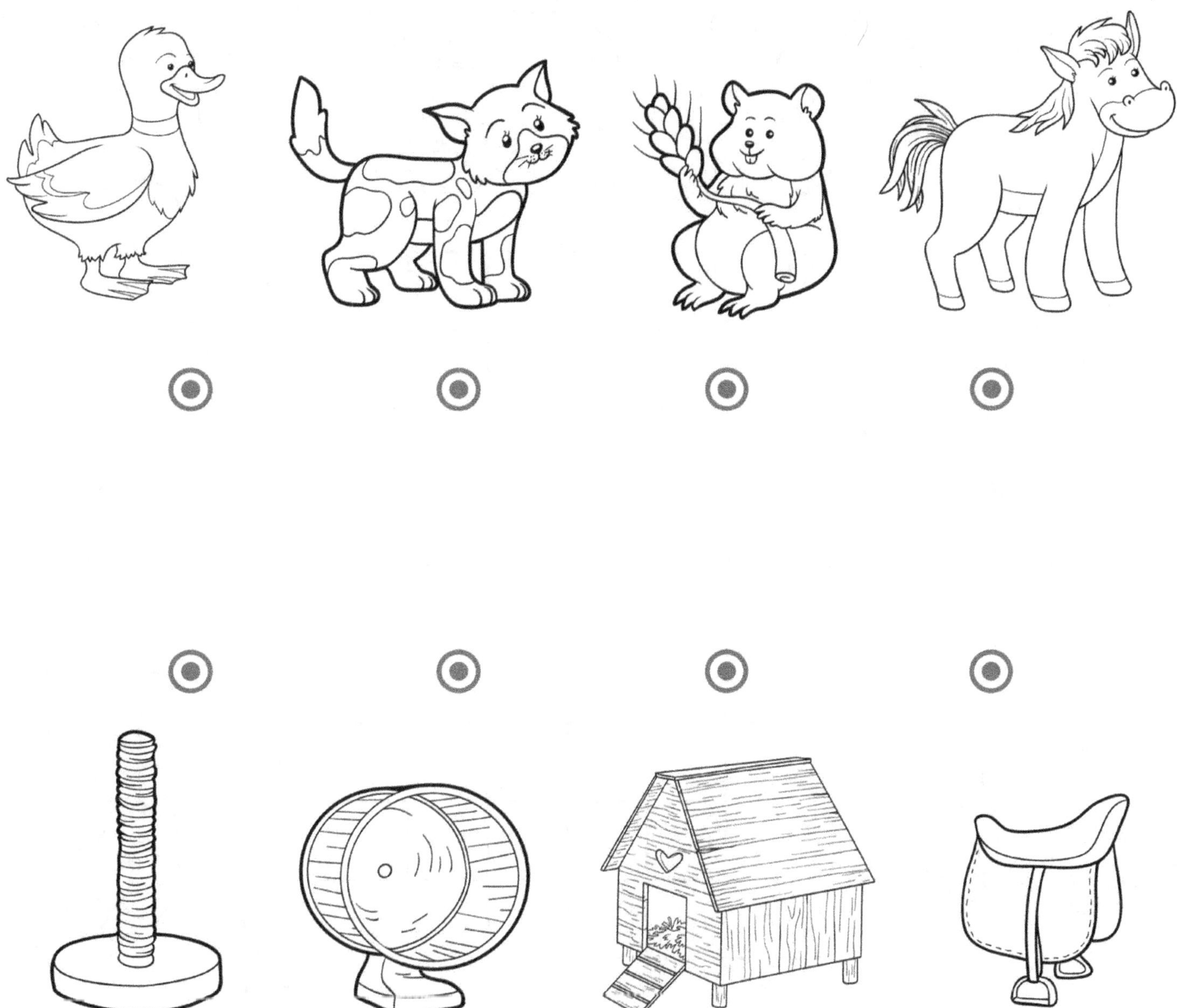

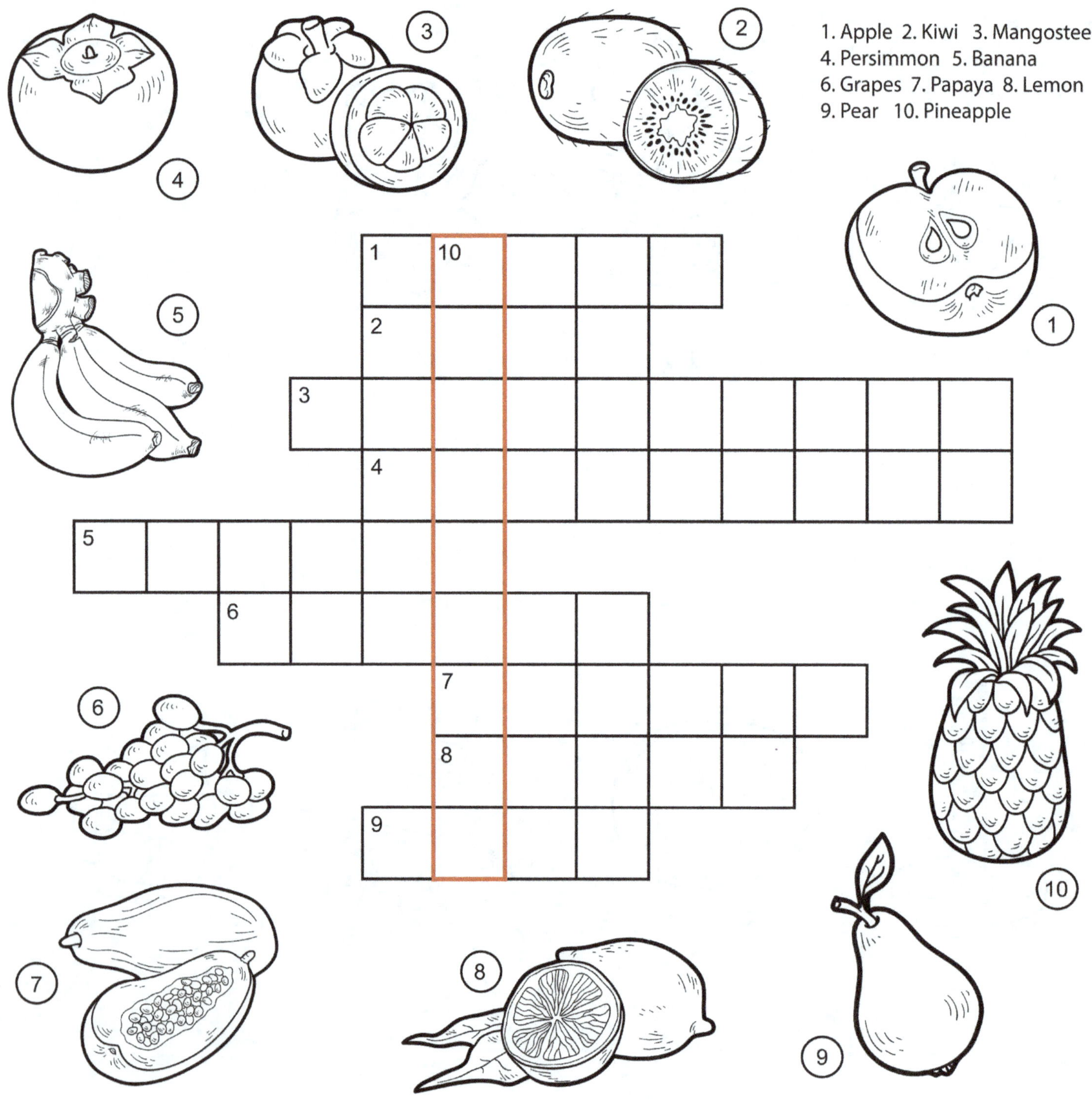

1. Apple 2. Kiwi 3. Mangosteen
4. Persimmon 5. Banana
6. Grapes 7. Papaya 8. Lemon
9. Pear   10. Pineapple

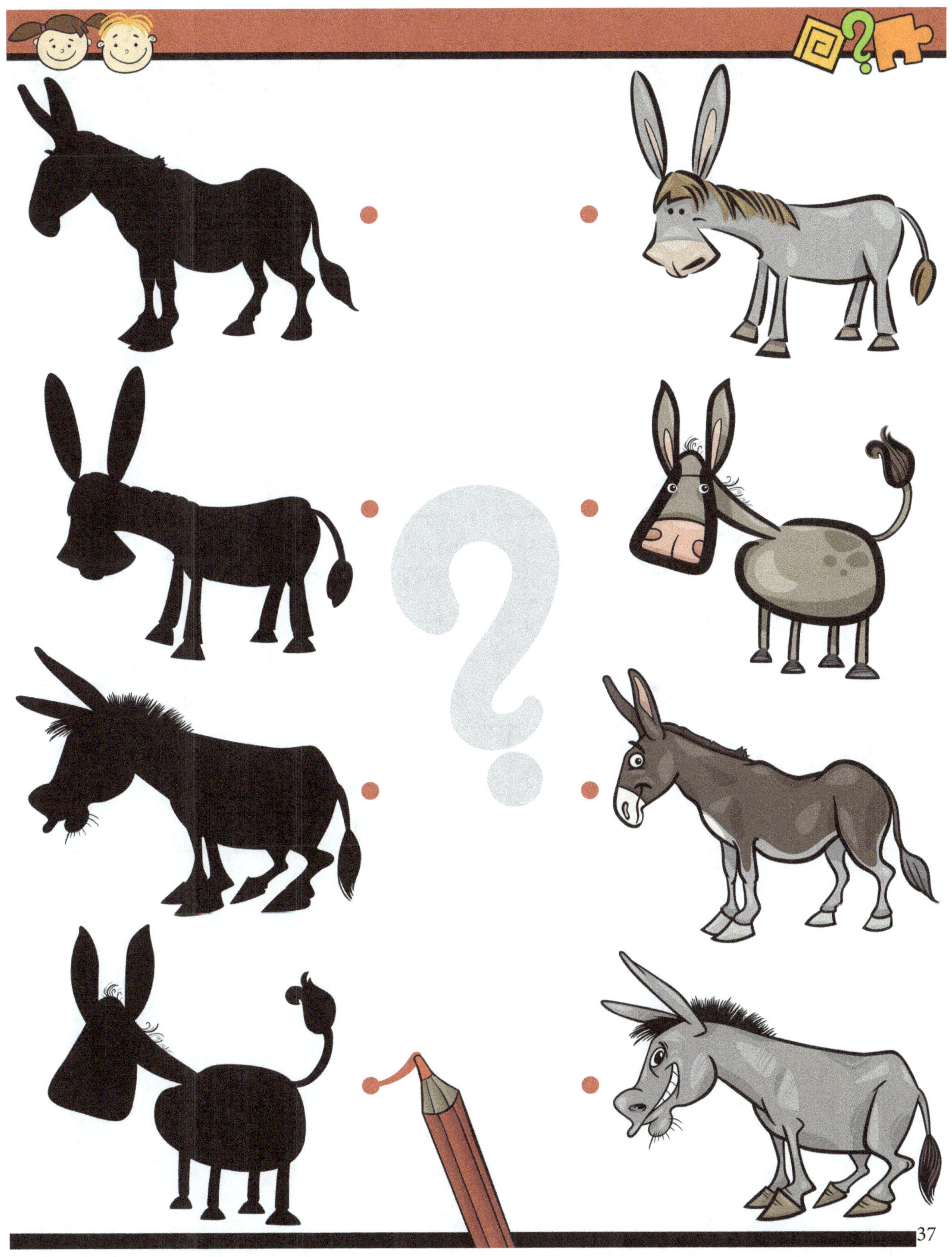

Copy the rabbit

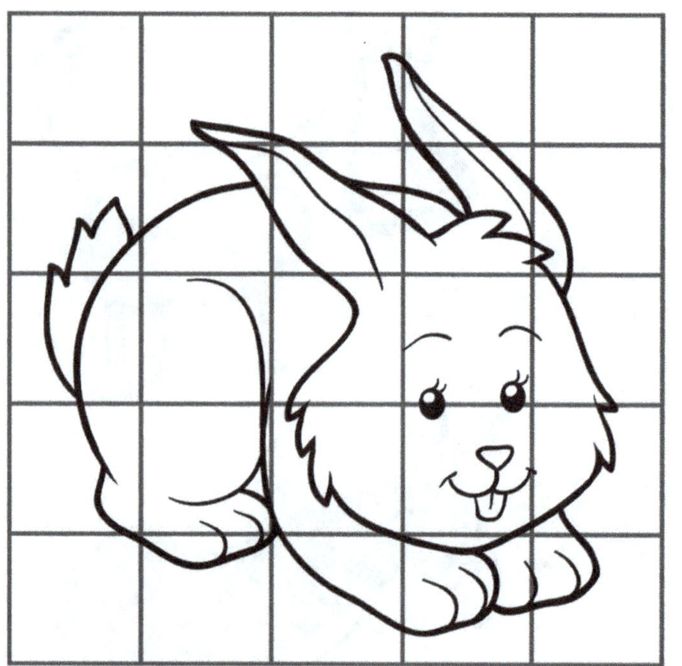 

Across: 1. Apple 2. Lemon 5. Orange 9. Apricot
10. Kiwi 11. Pomegranate 12. Coconut

Down: 1. Avocado 3. Grapes 4. Persimmon
6. Papaya 7. Pineapple 8. Lychee

ACROSS

DOWN

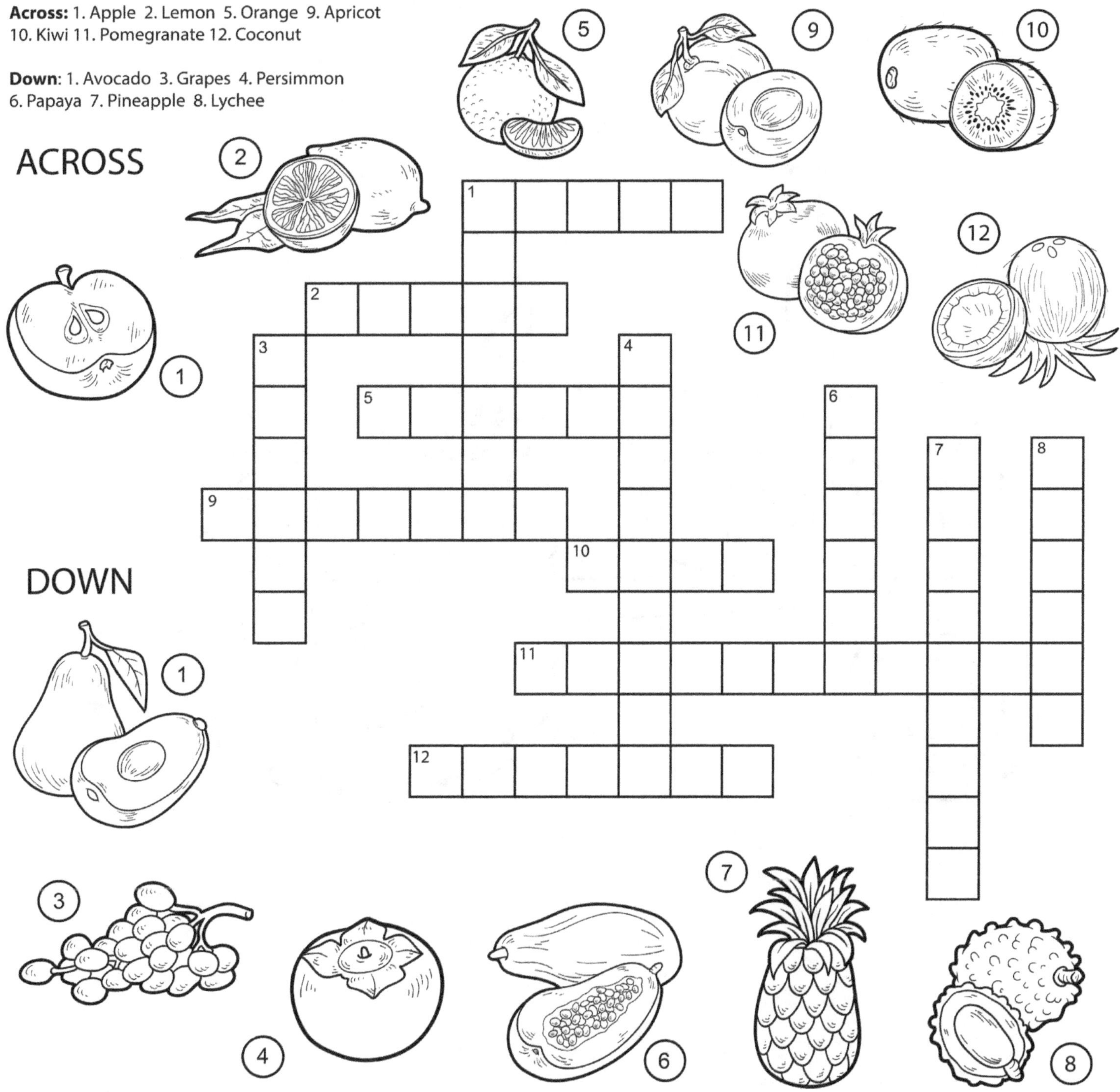

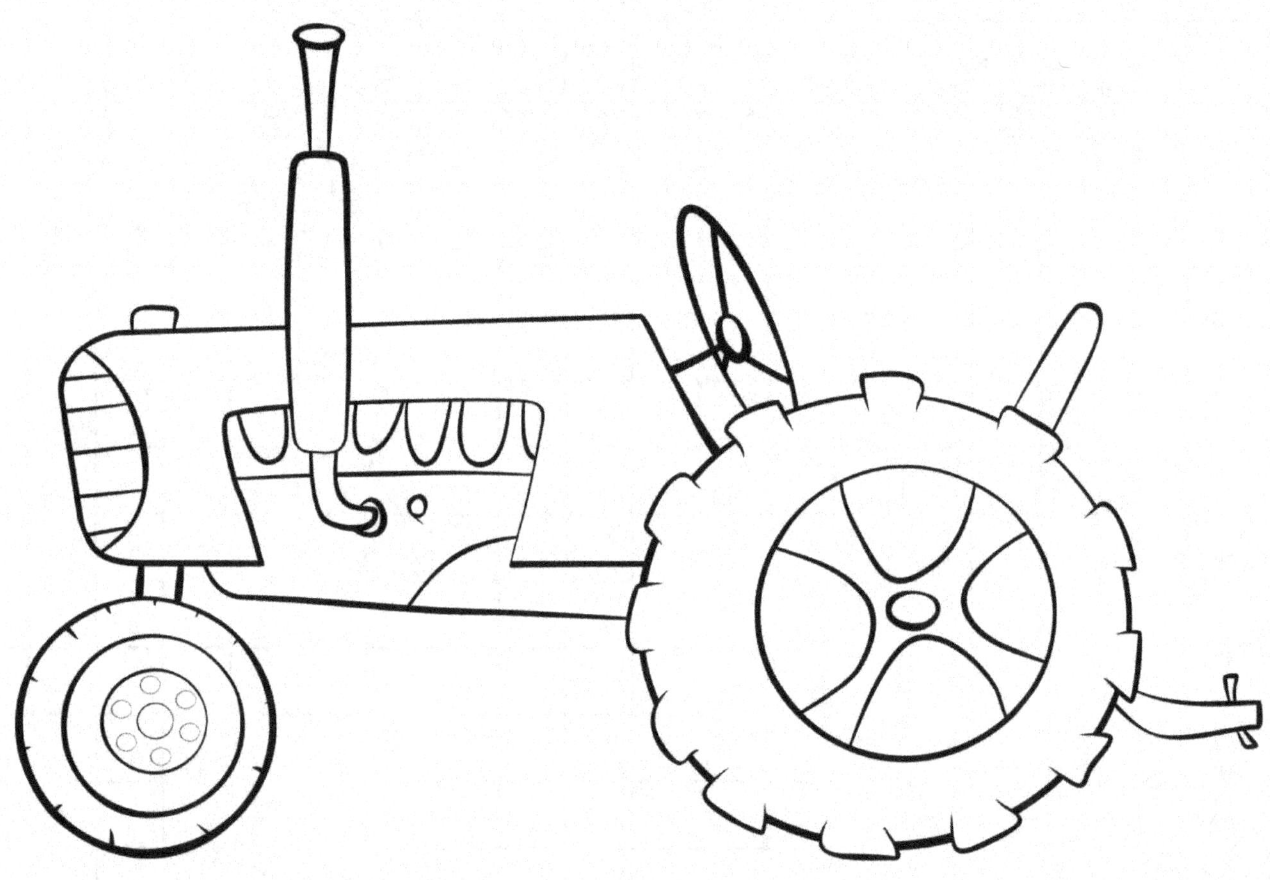

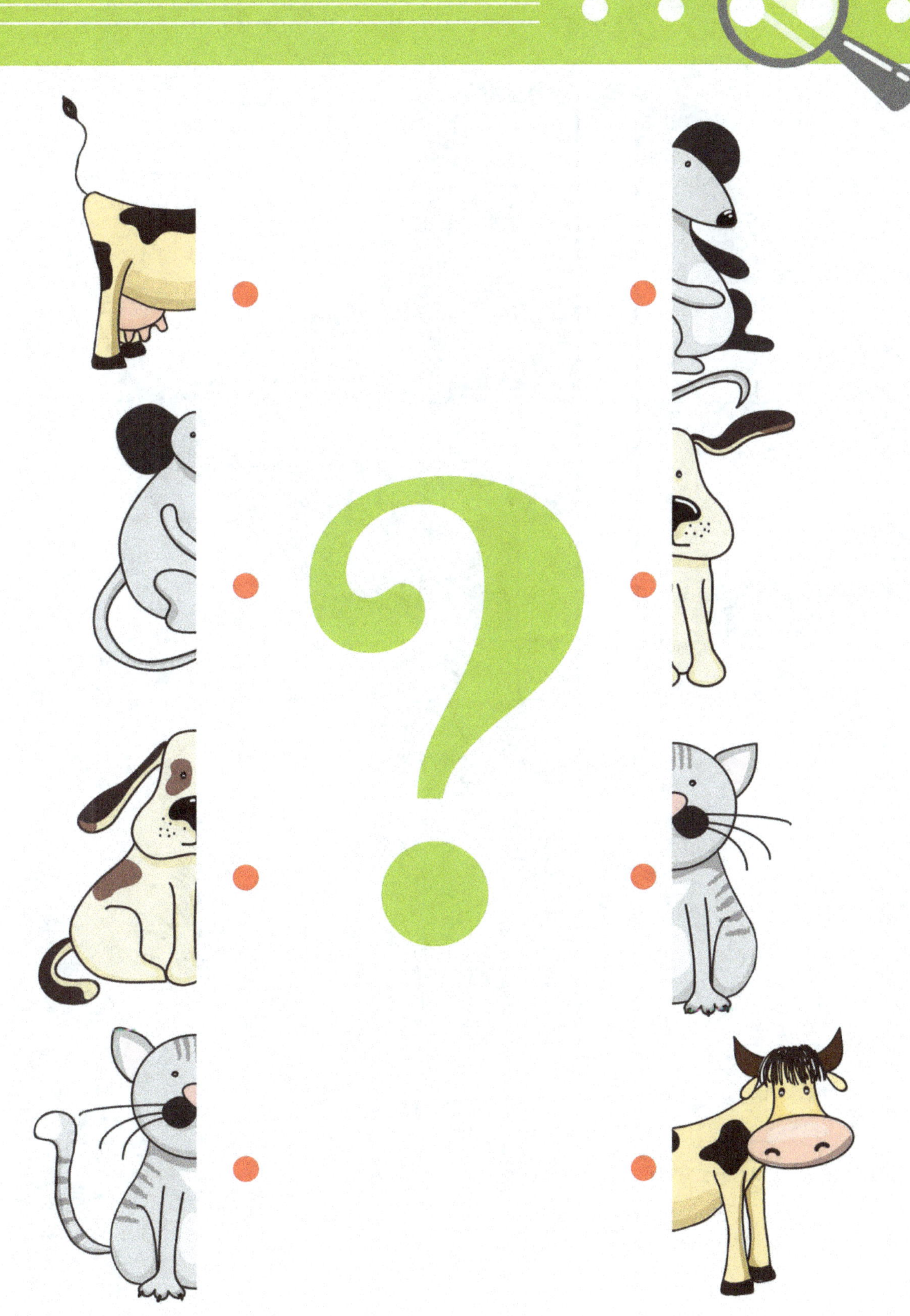

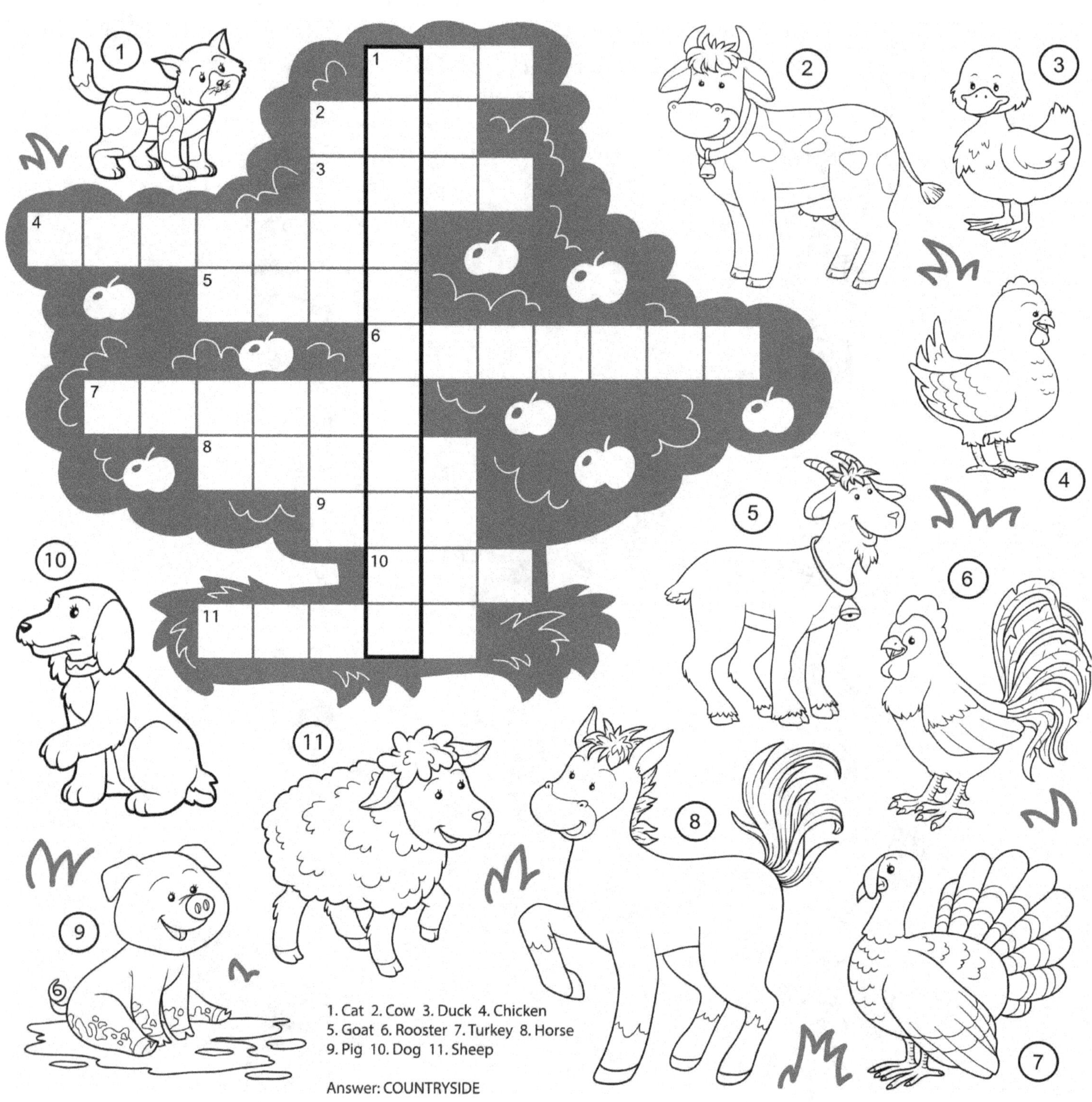

1. Cat 2. Cow 3. Duck 4. Chicken
5. Goat 6. Rooster 7. Turkey 8. Horse
9. Pig 10. Dog 11. Sheep
Answer: COUNTRYSIDE

Find the correct shadow

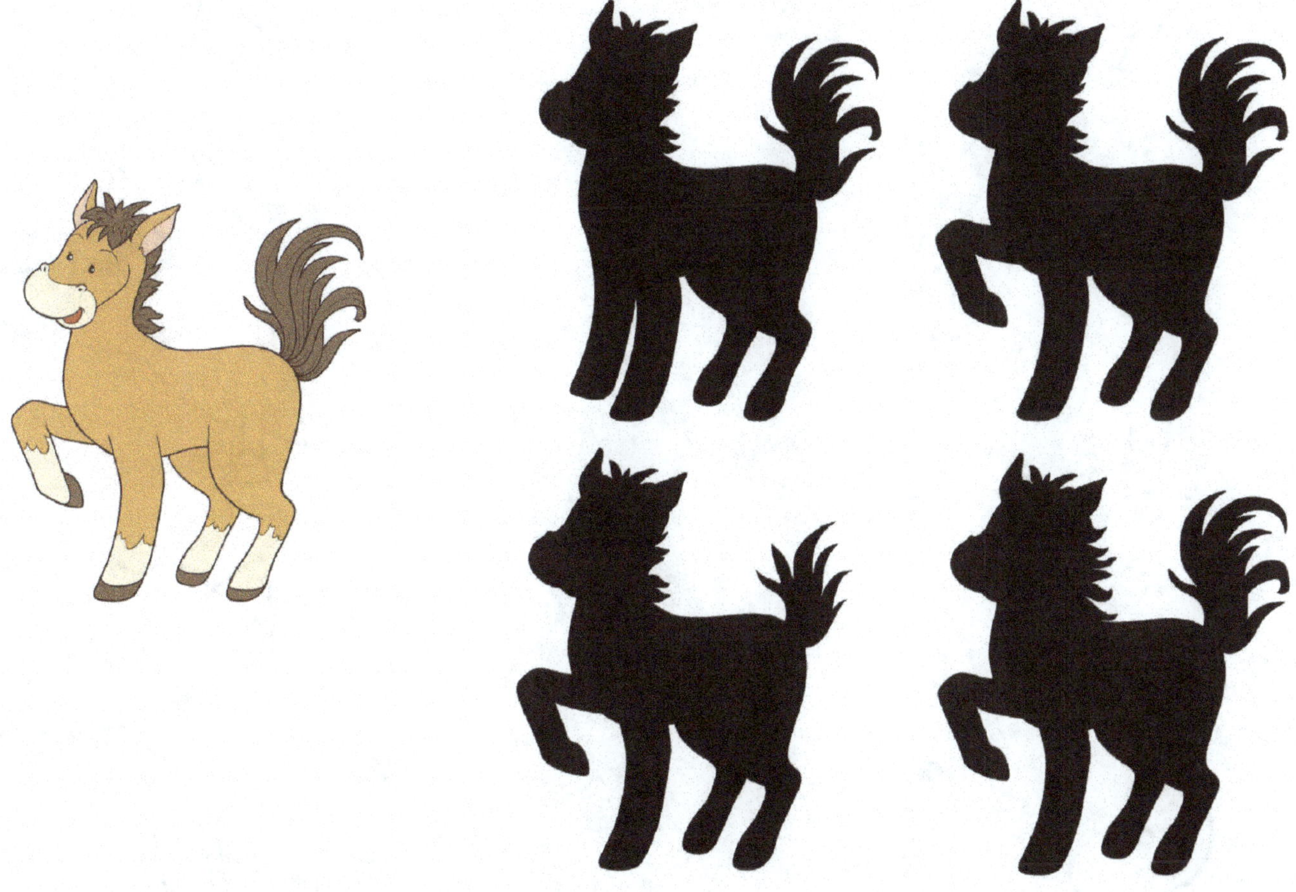

43

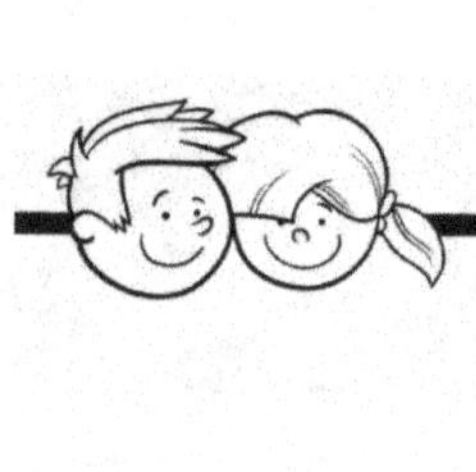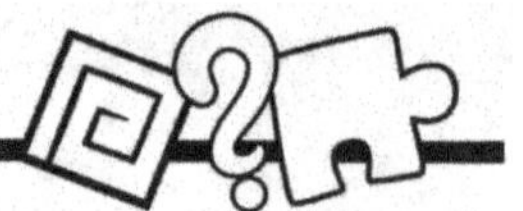

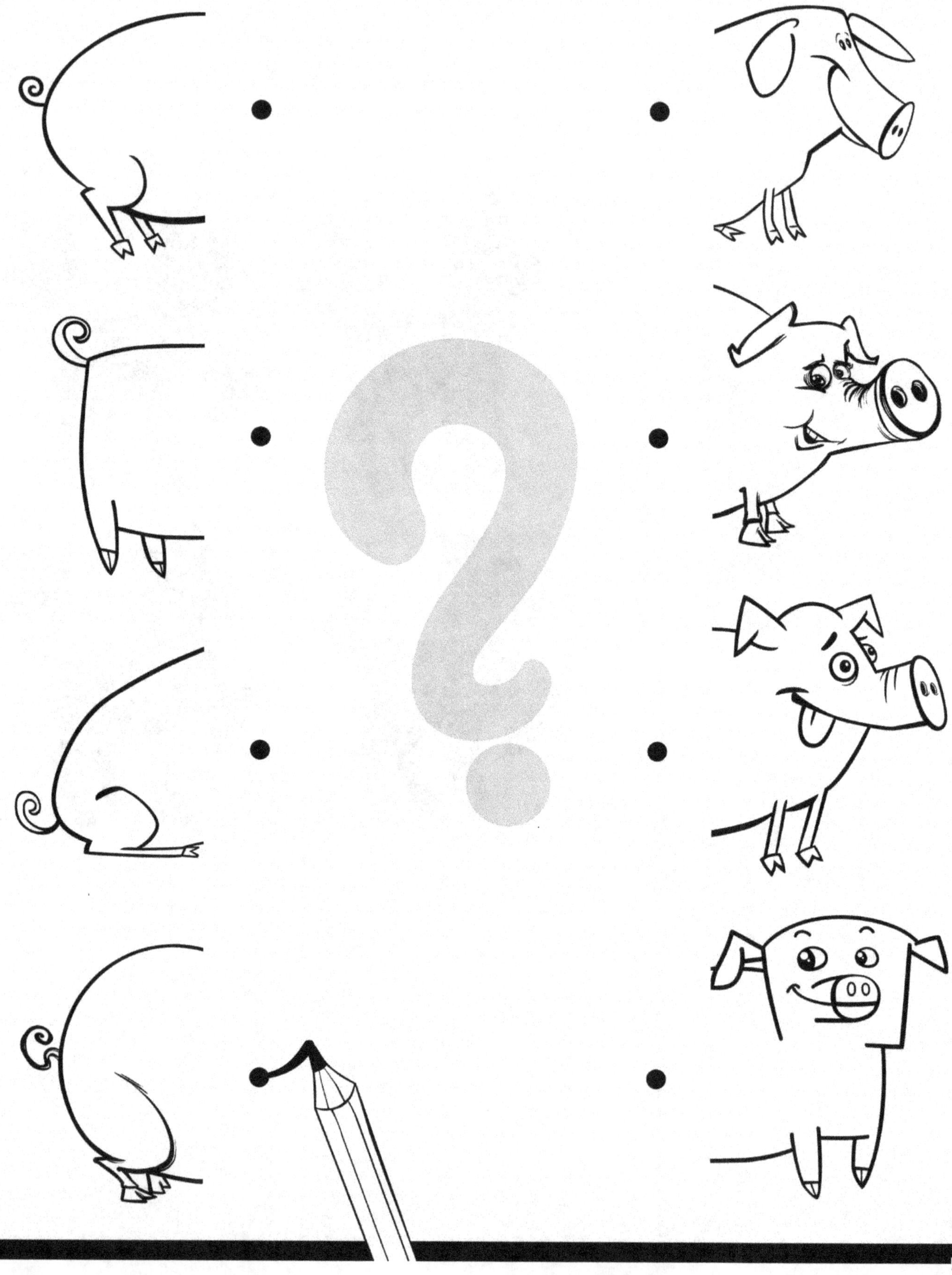

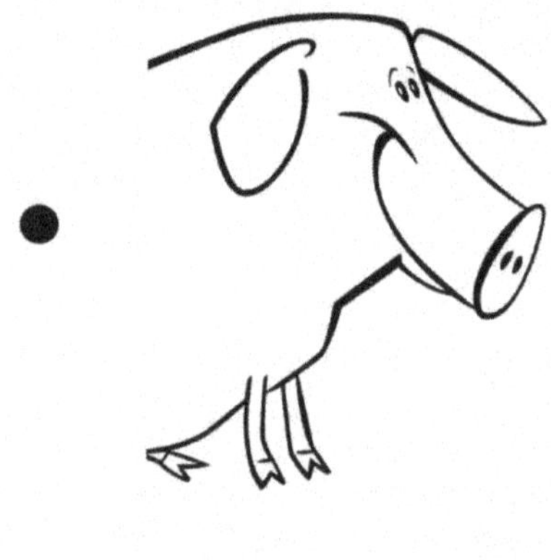

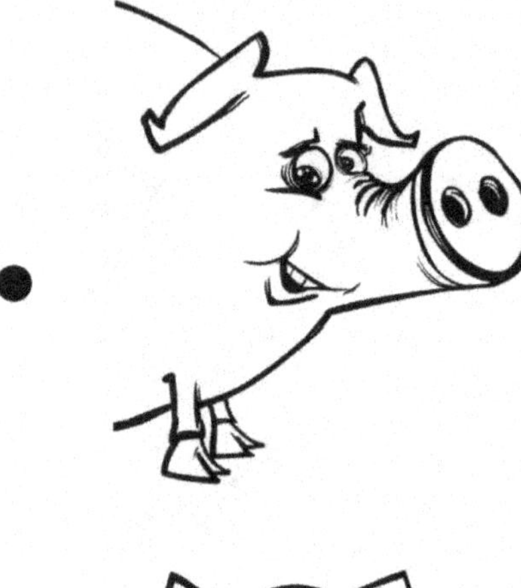

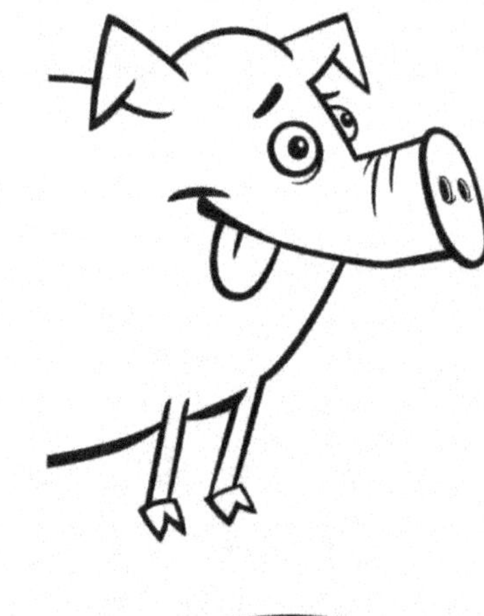

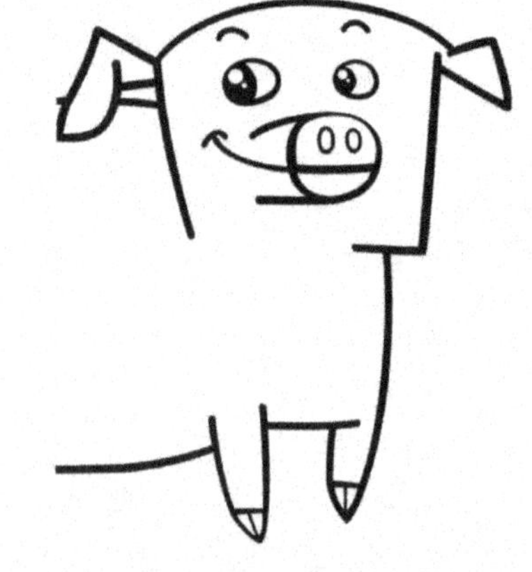

1. Chicken 2. Sheep 3. Goose
4. Pig 5. Goat 6. Horse
7. Turkey 8. Rooster 9. Cow
10. (across) Rabbit
10. (down) Ram
11. Bull

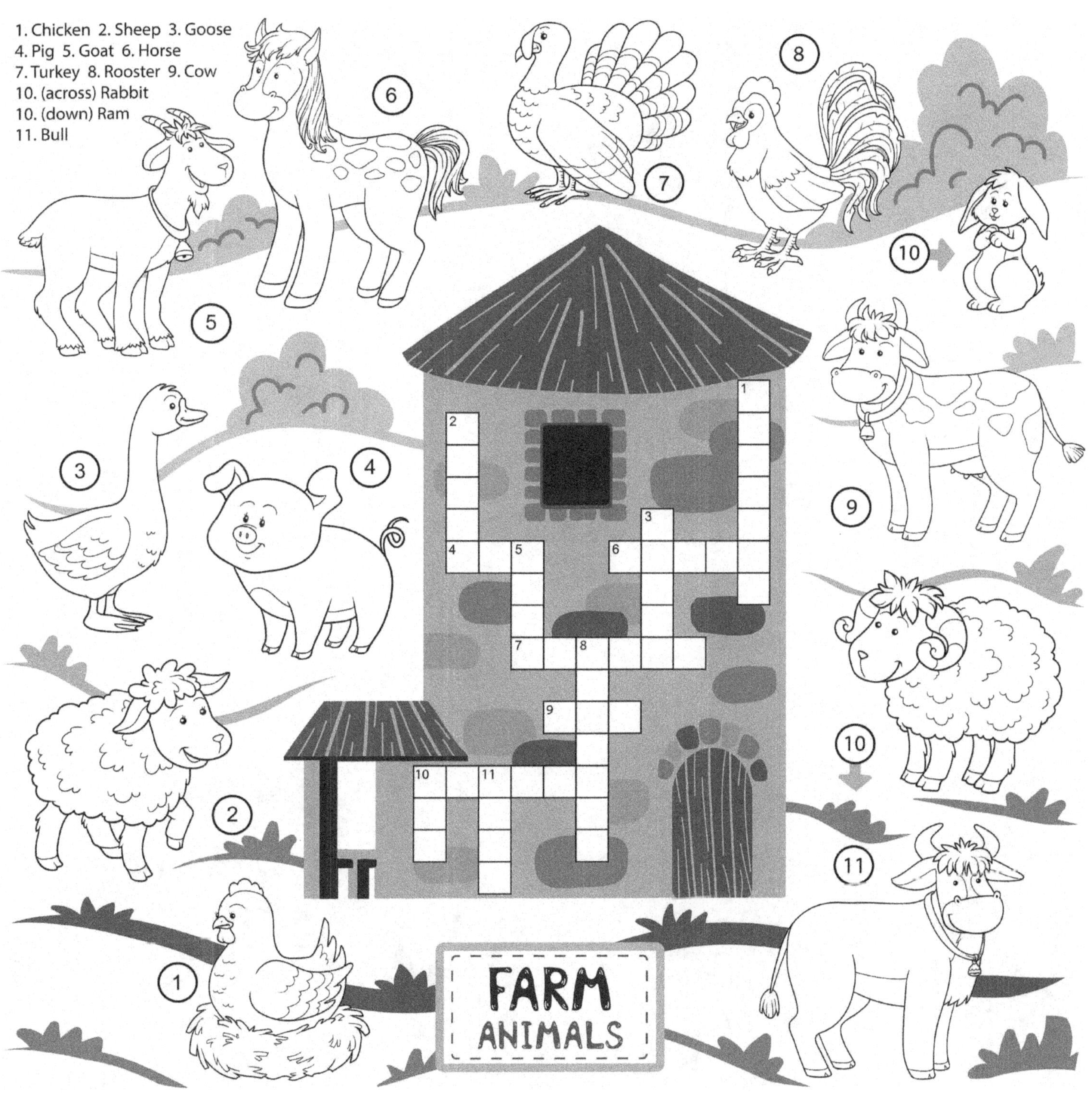

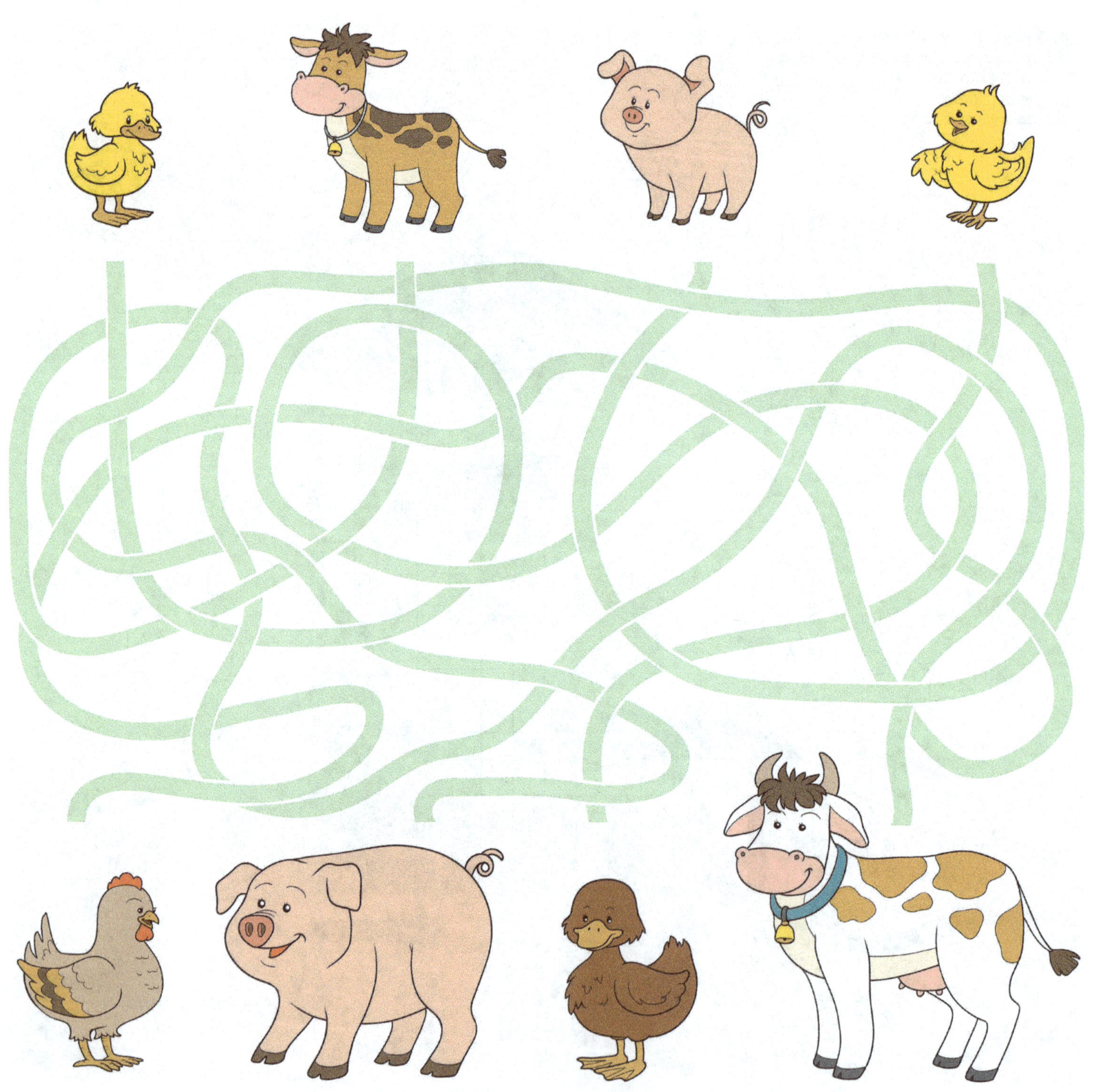

1. Pepper   2. Eggplant   3. Cauliflower
4. Tomato   5. Carrot   6. Broccoli
7. Leek   8. Peas   9. Radish
Answer: vegetables

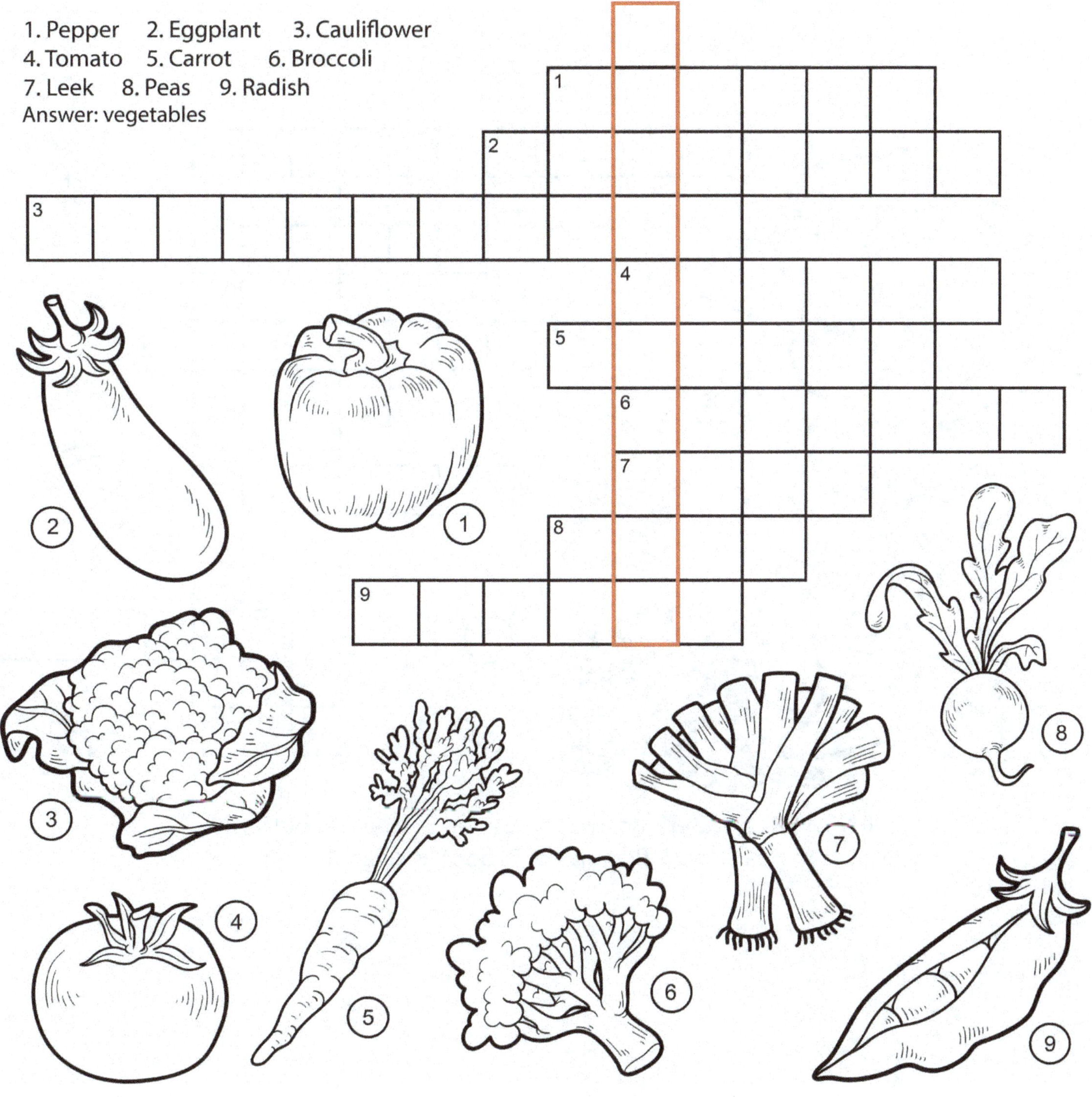

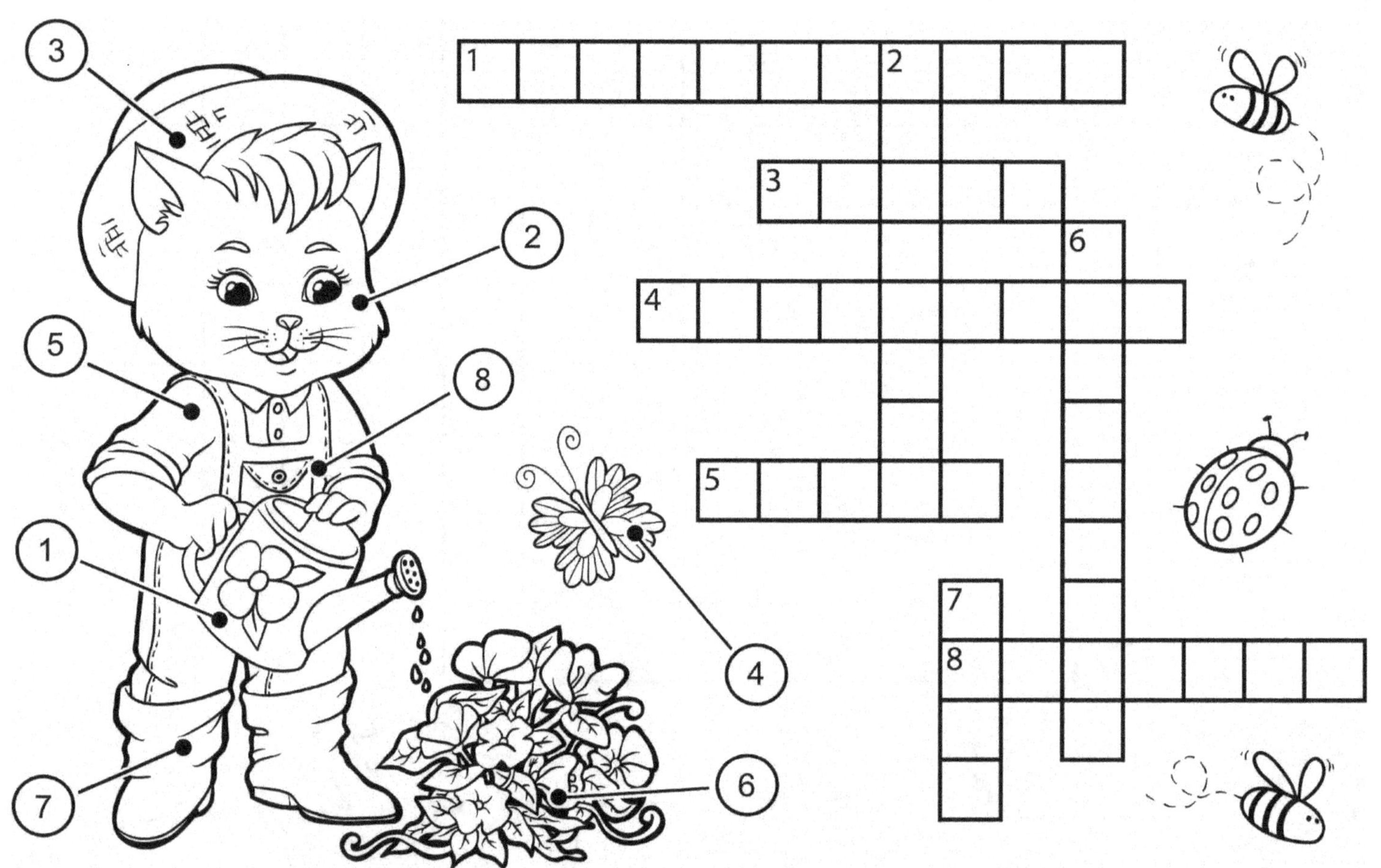

ANSWER: 1. wateringcan 2. gardener 3. straw 4. butterfly
5. shirt 6. flowerbed 7. boot 8. overall

Find the correct shadow

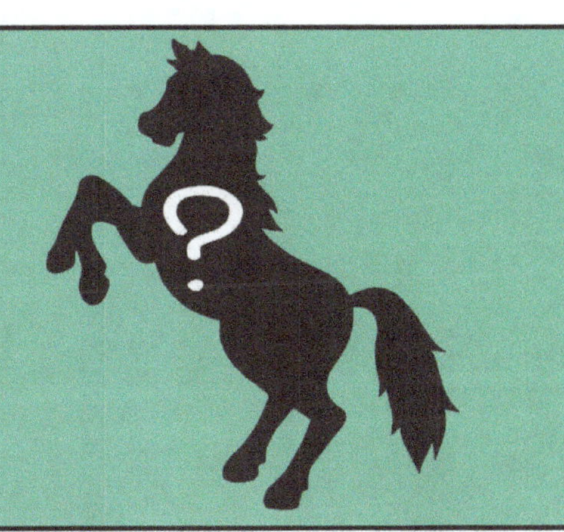

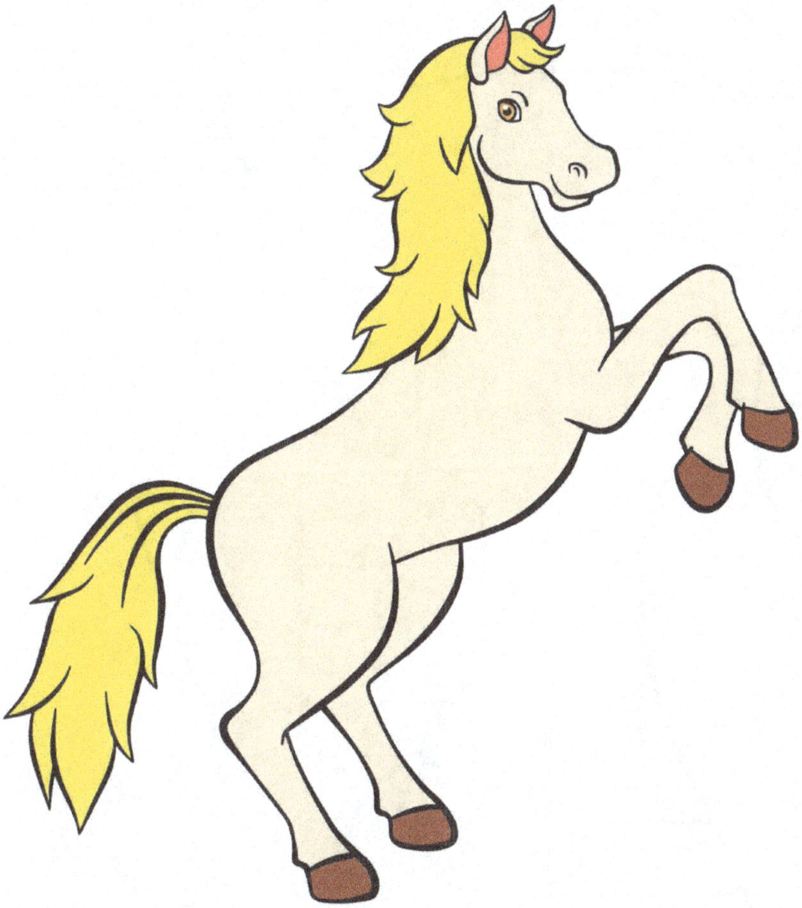

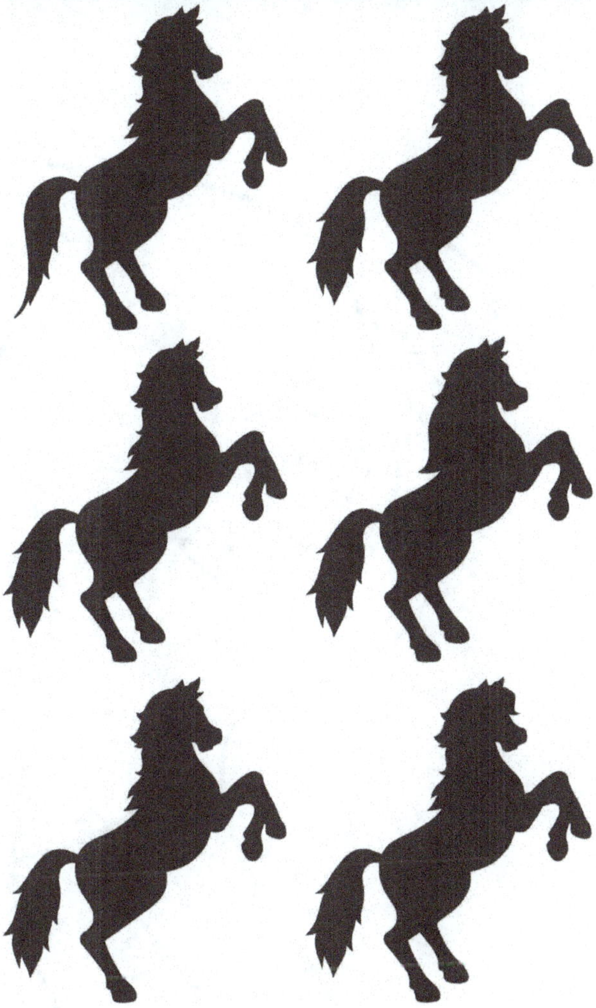

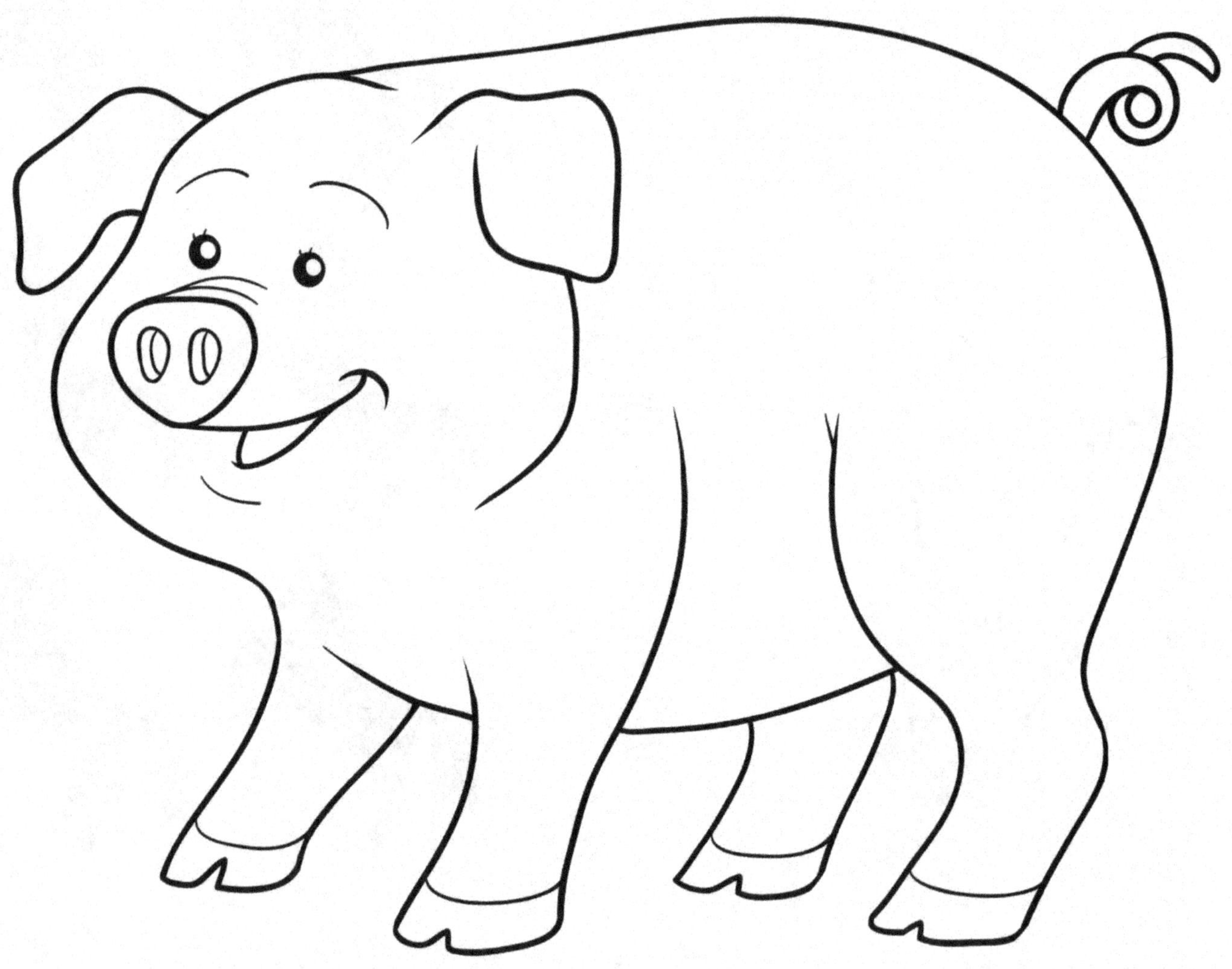

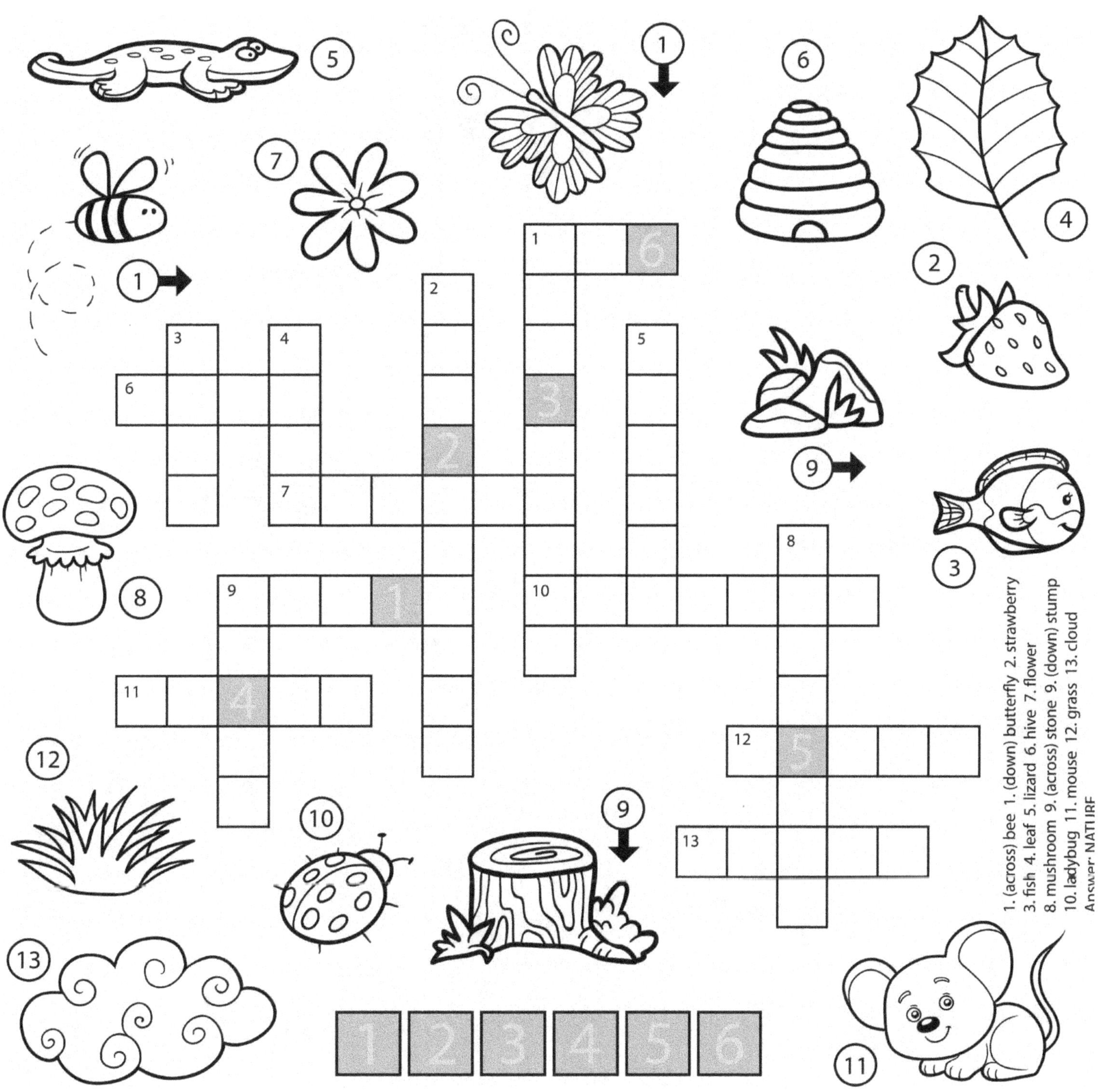

1. (across) bee 1. (down) butterfly 2. strawberry
3. fish 4. leaf 5. lizard 6. hive 7. flower
8. mushroom 9. (across) stone 9. (down) stump
10. ladybug 11. mouse 12. grass 13. cloud
Answer: NATURE

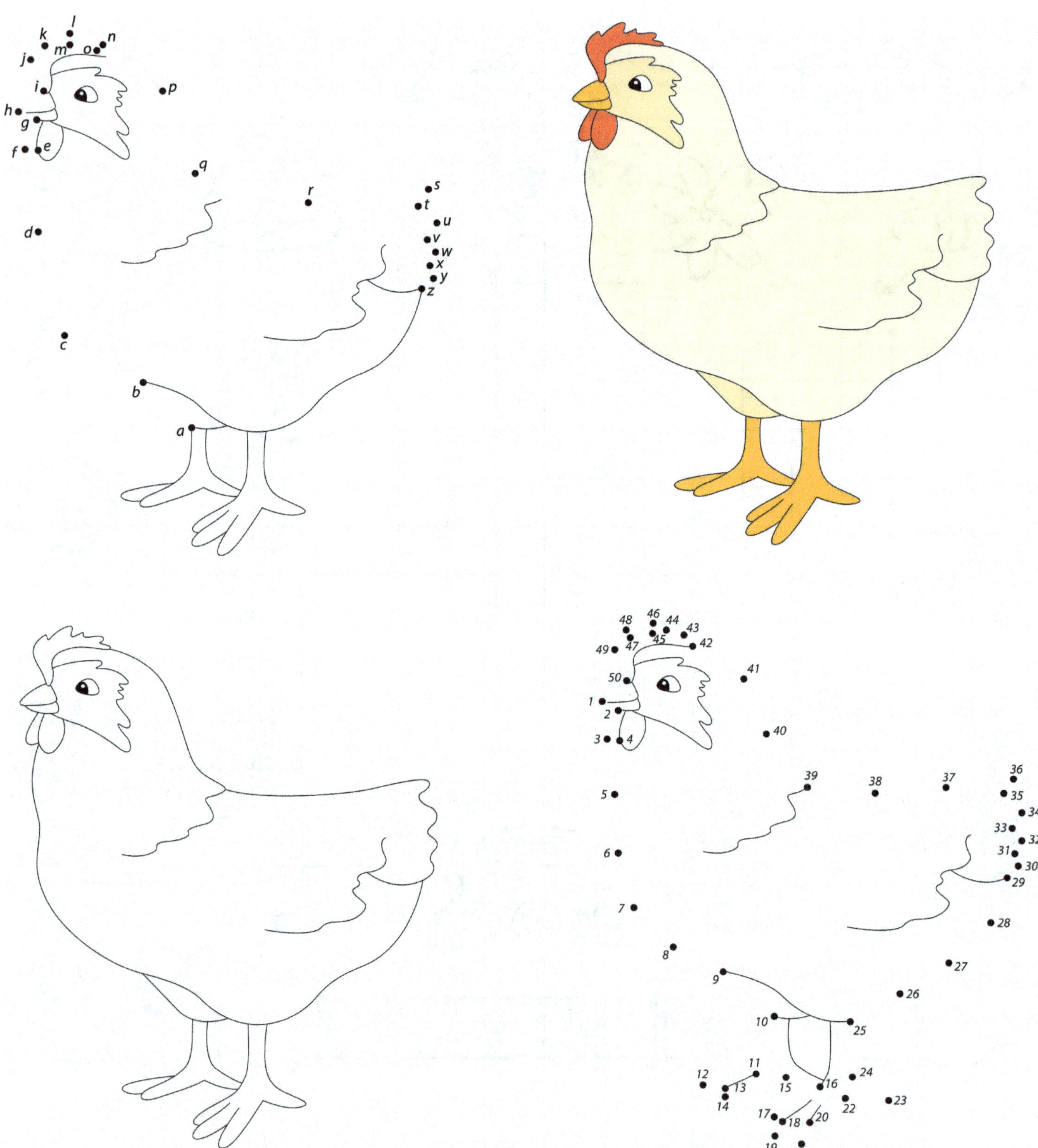

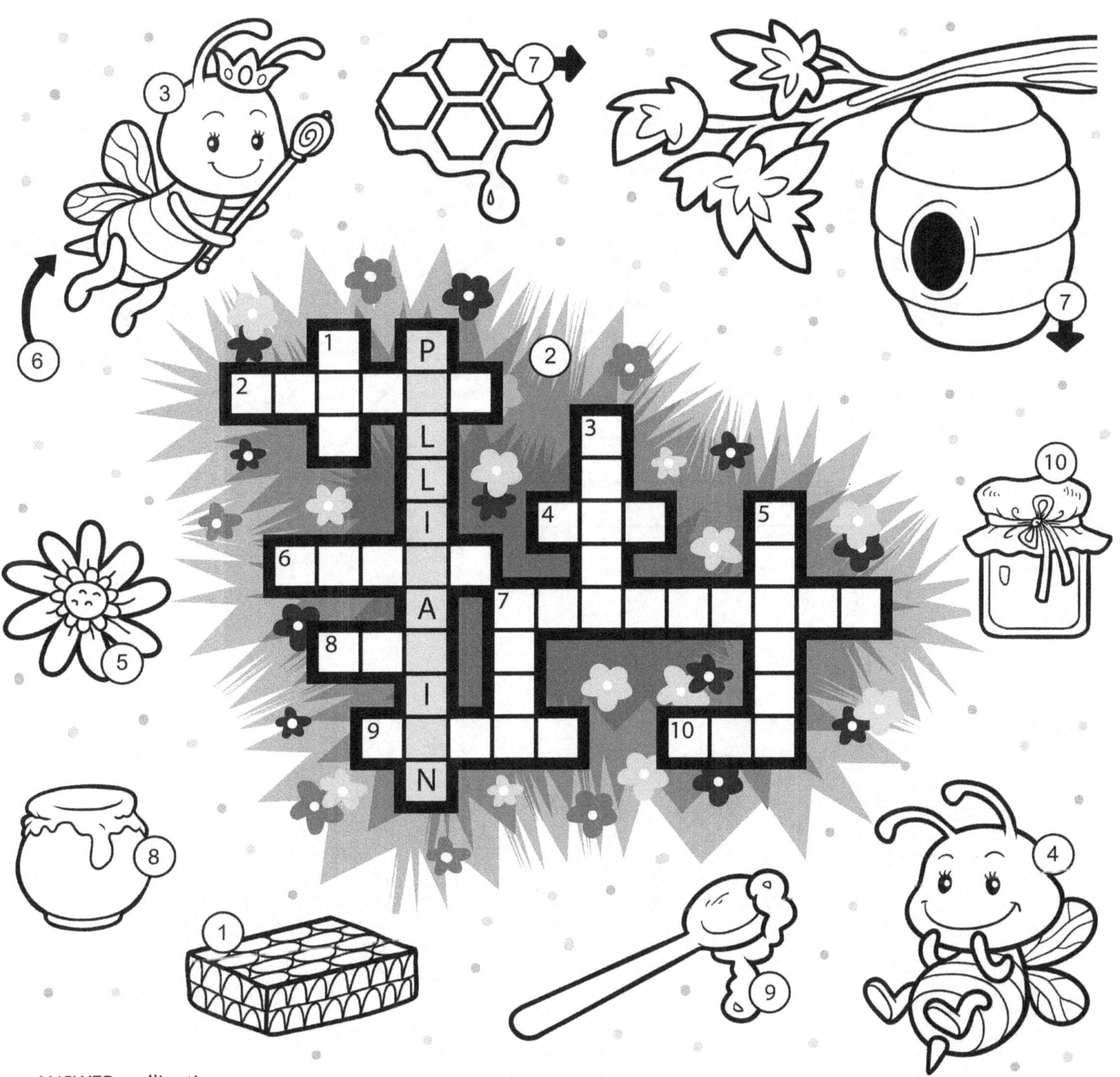

ANSWER: pollination
1. wax 2. meadow 3. queen 4. bee 5. flower 6. sting 7. (across) honeycomb 7. (down) hive 8. pot 9. honey 10. jar

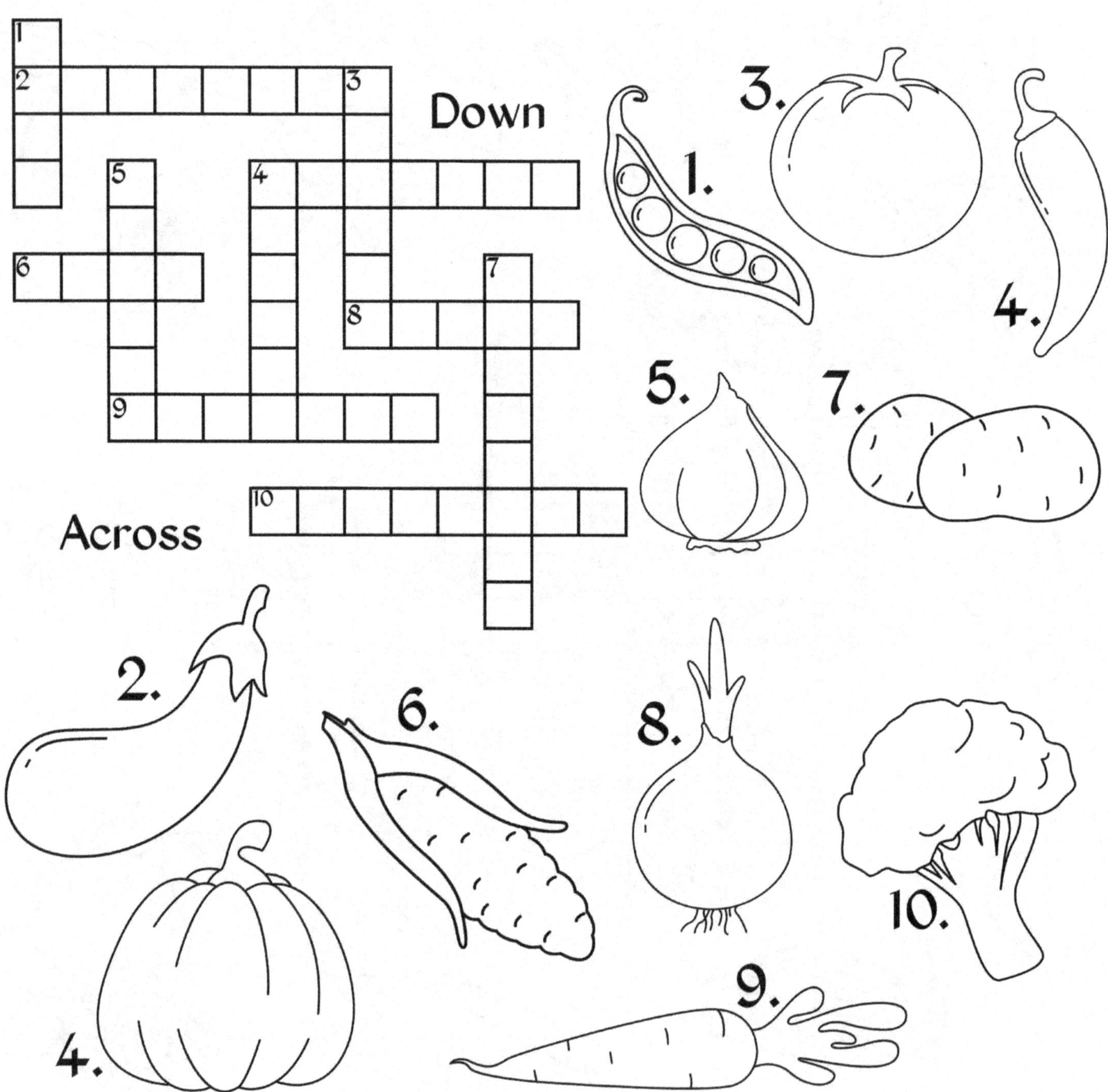
Down
Across
3.
1.
4.
5.
7.
2.
6.
8.
10.
4.
9.

1. Grape, 2. Paprika 3. Apple, 4. Peas, 5. Banana, 6. Corn, 7. Broccoli, 8. Cherry, 9. Tomato, 10. Garlic, 11. Chilli, 12. Carrot, 13. Onion, 14. Pear, 15. Eggplant, 16. Beet, 17. Lemon, 18. Strawberry.

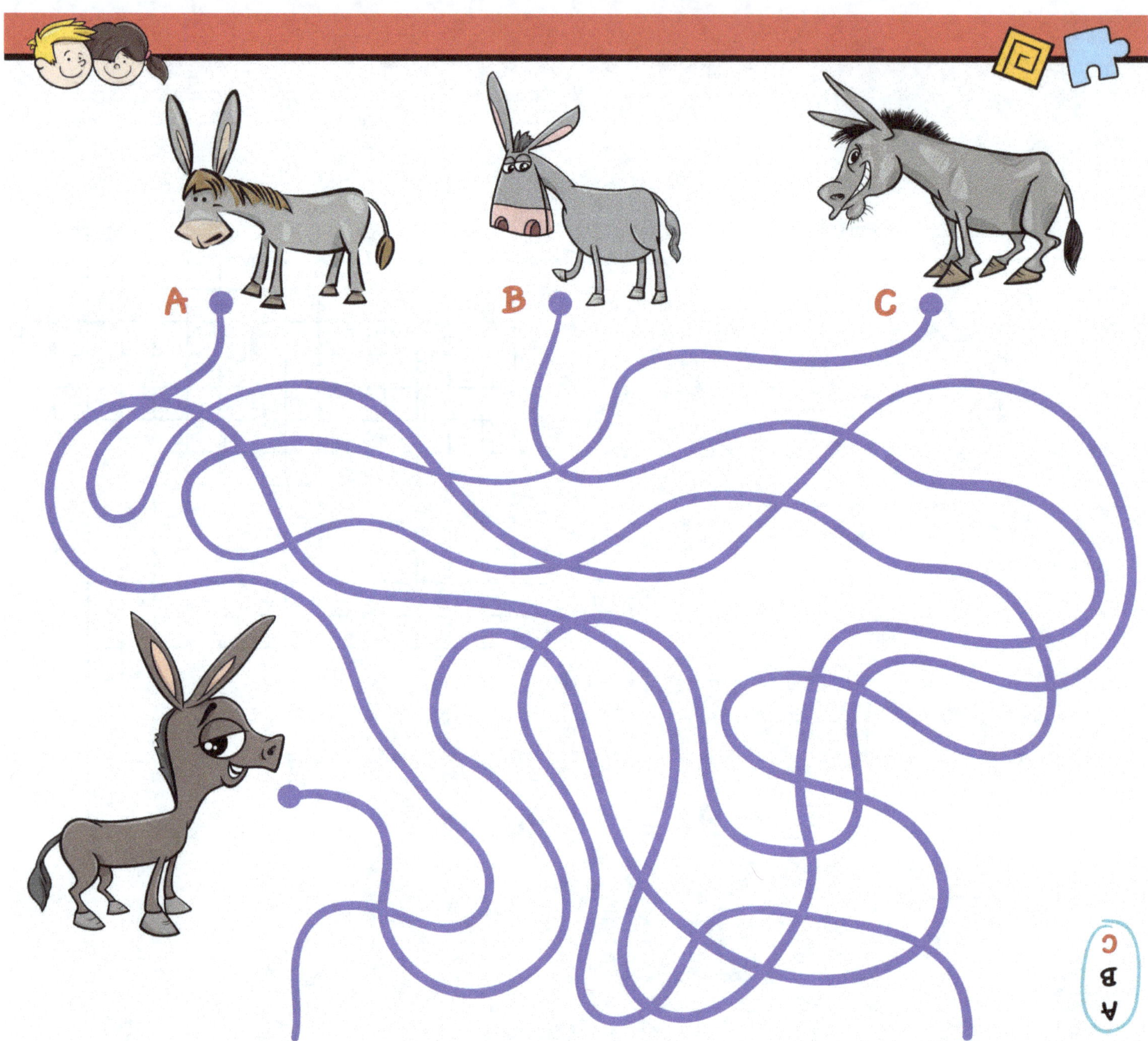

A
B
C

Find two the same pictures

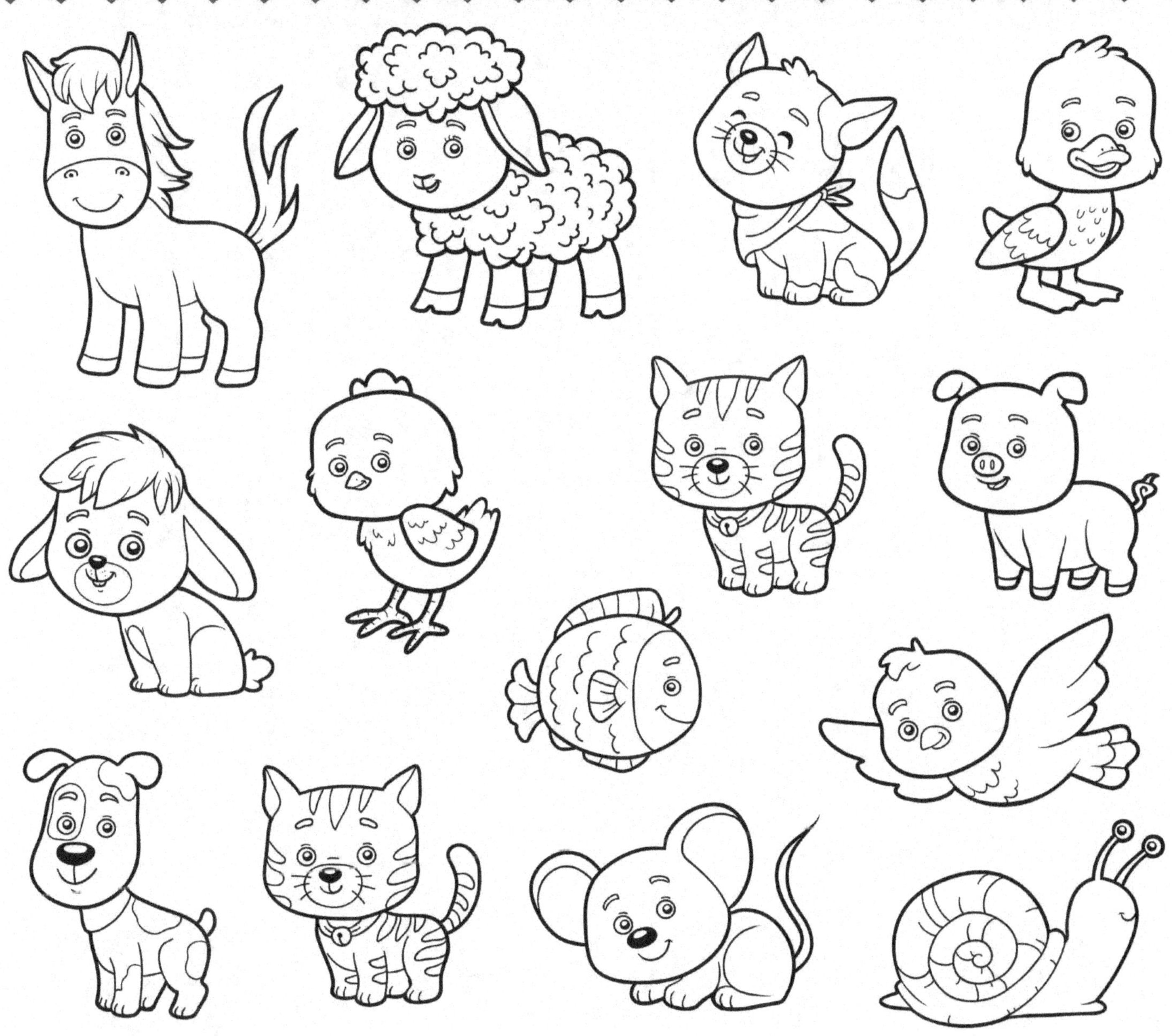

Animal Word Search

a	c	o	w	p	d	v	h	f	i
m	n	o	p	q	r	s	t	j	v
f	h	g	z	k	y	x	w	x	u
c	b	p	e	n	g	u	i	n	p
a	i	j	m	f	z	y	x	z	t
d	b	d	o	b	k	m	p	t	y
g	f	i	n	j	m	z	y	i	w
e	d	z	k	i	l	o	p	g	x
f	h	j	e	e	m	w	l	e	t
e	m	h	y	l	o	p	q	r	w

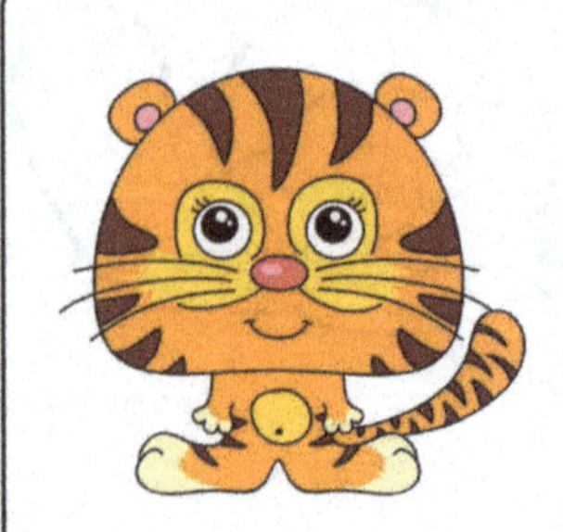

tiger

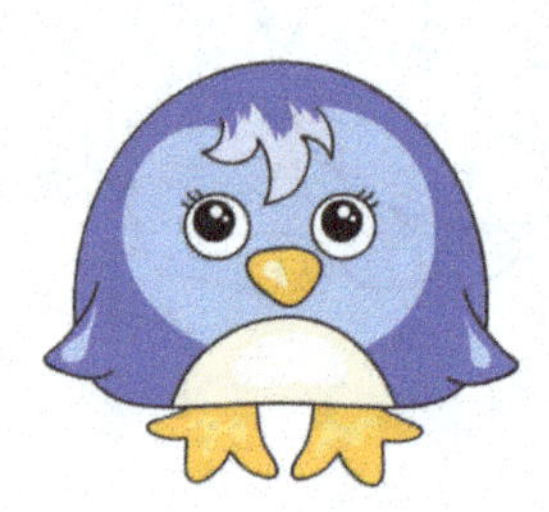

penguin

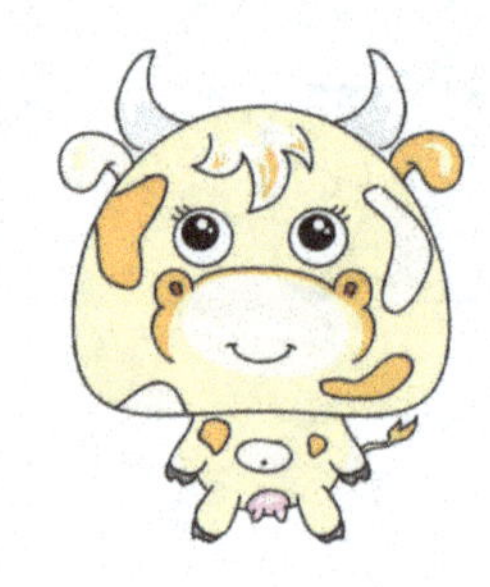

cow

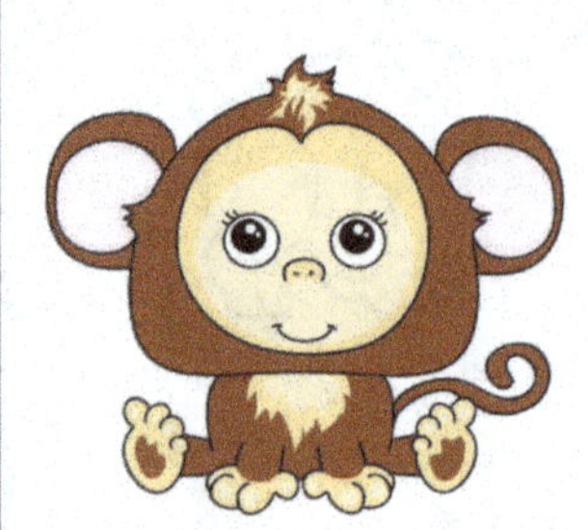

monkey

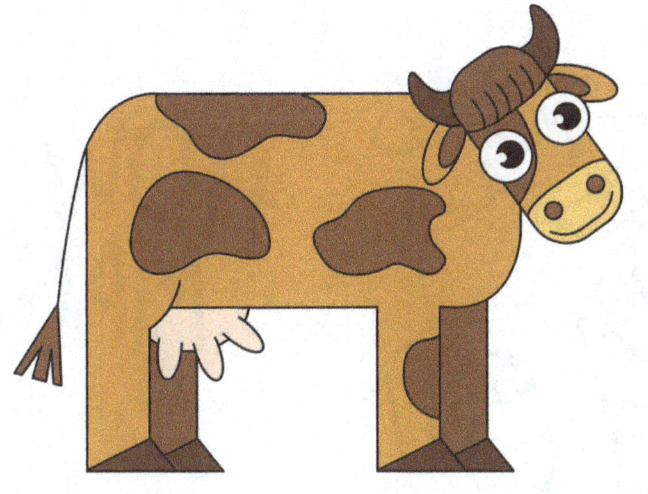

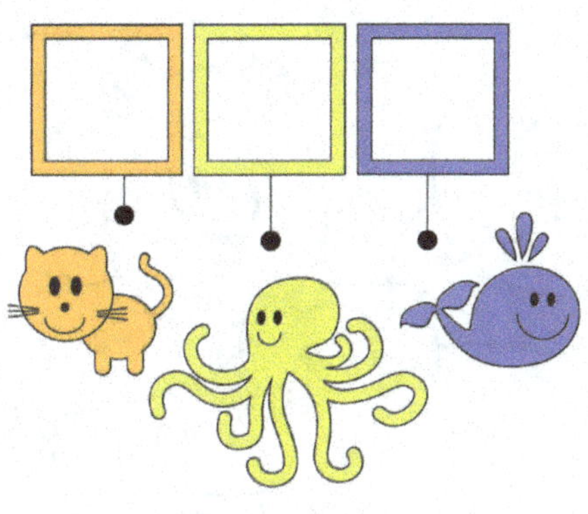

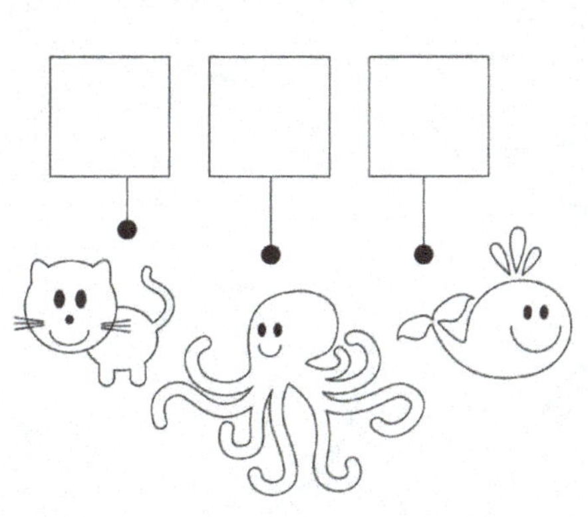

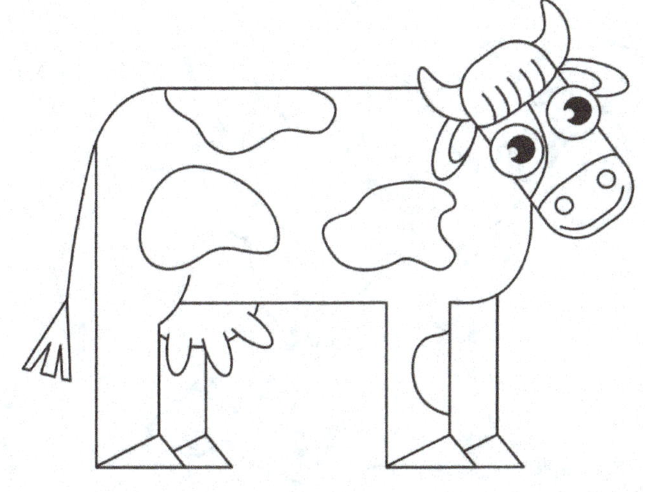

TASK	Search the word Solve the rebus	ANSWER	Cow

HOW MANY PIGS DO YOU SEE?

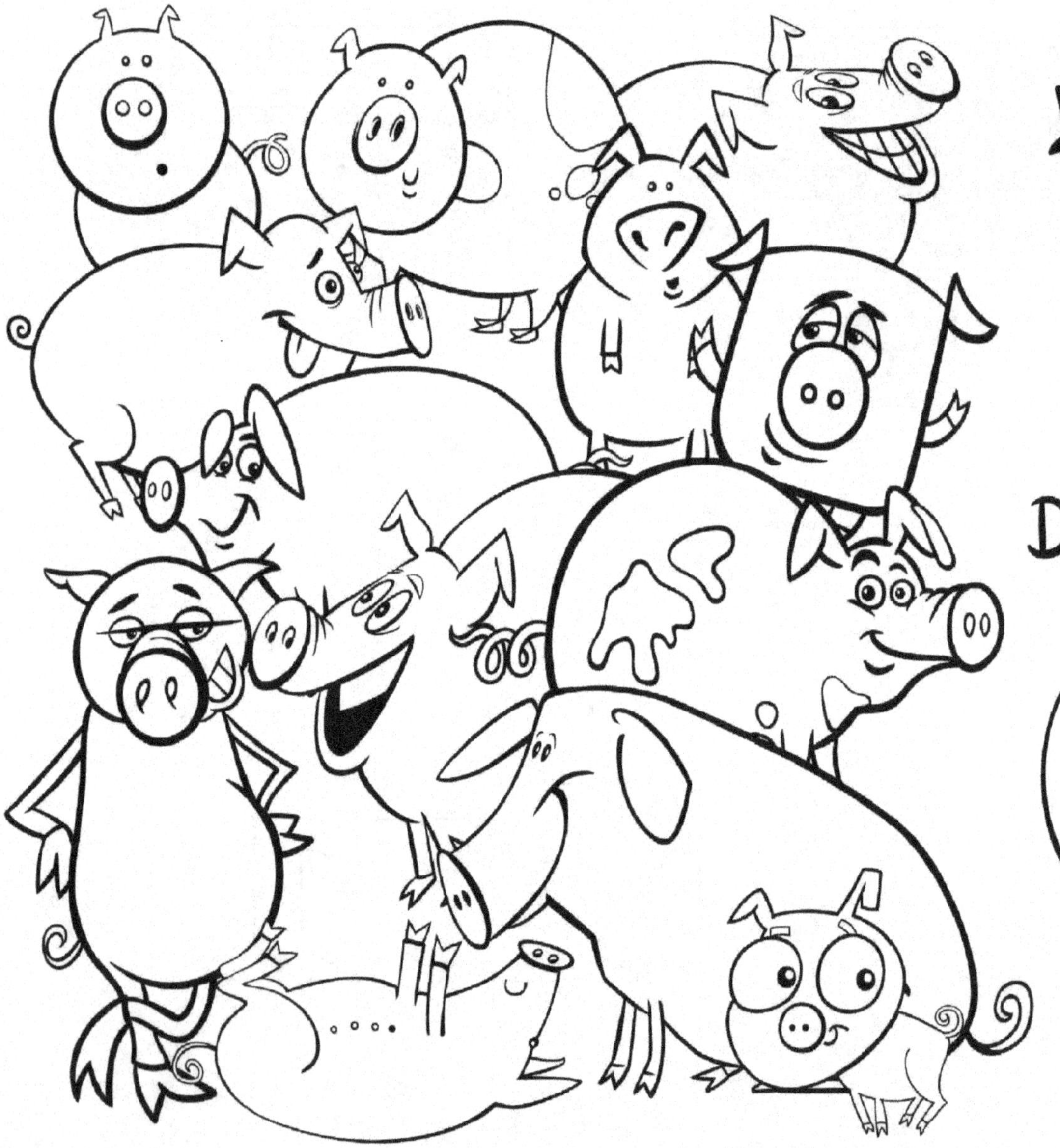

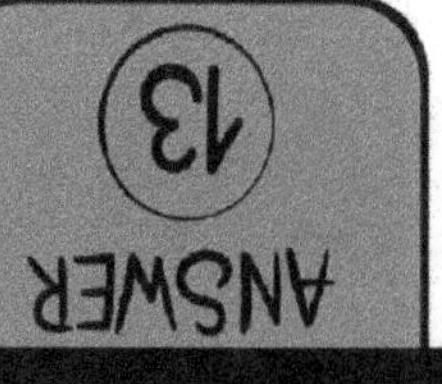

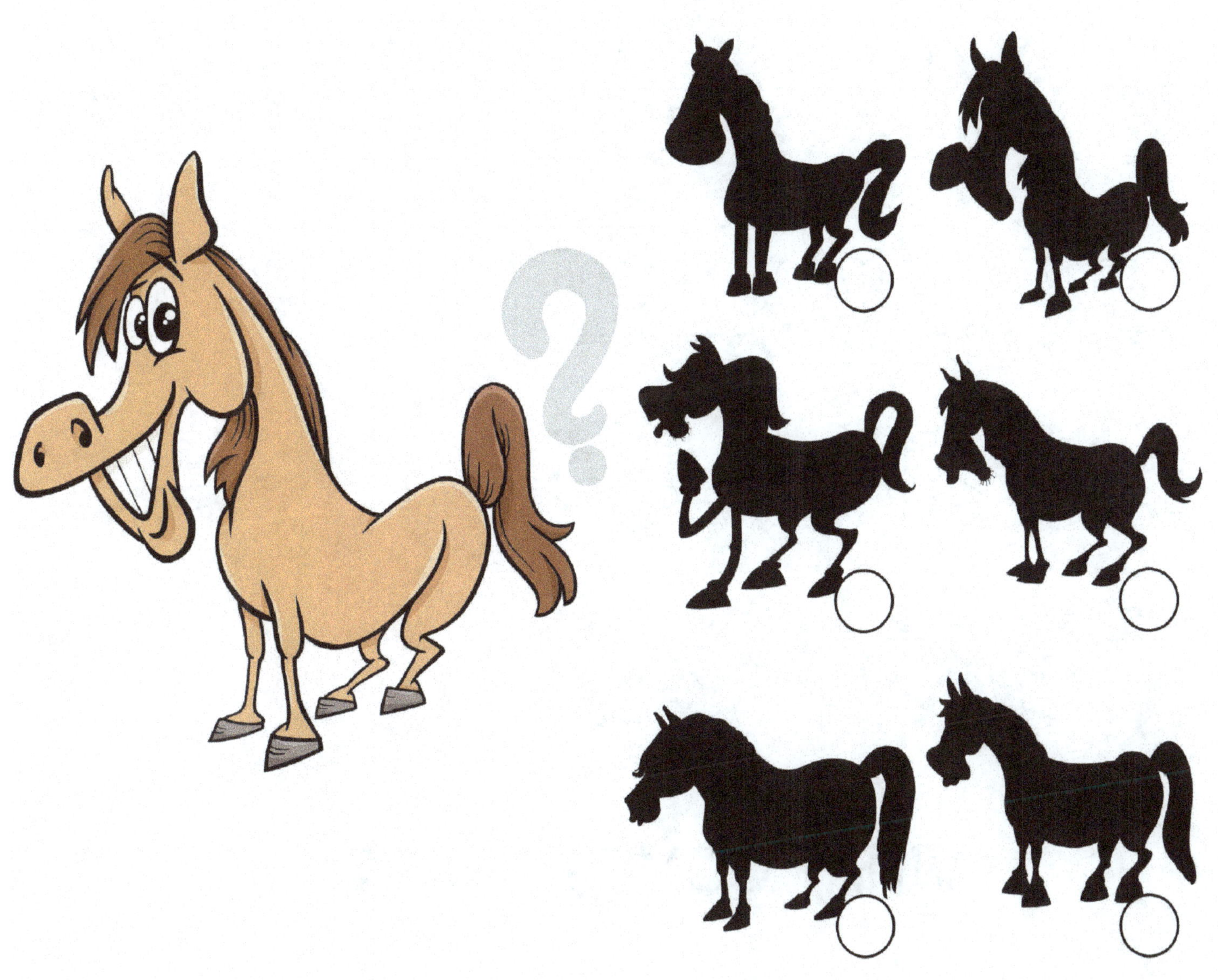

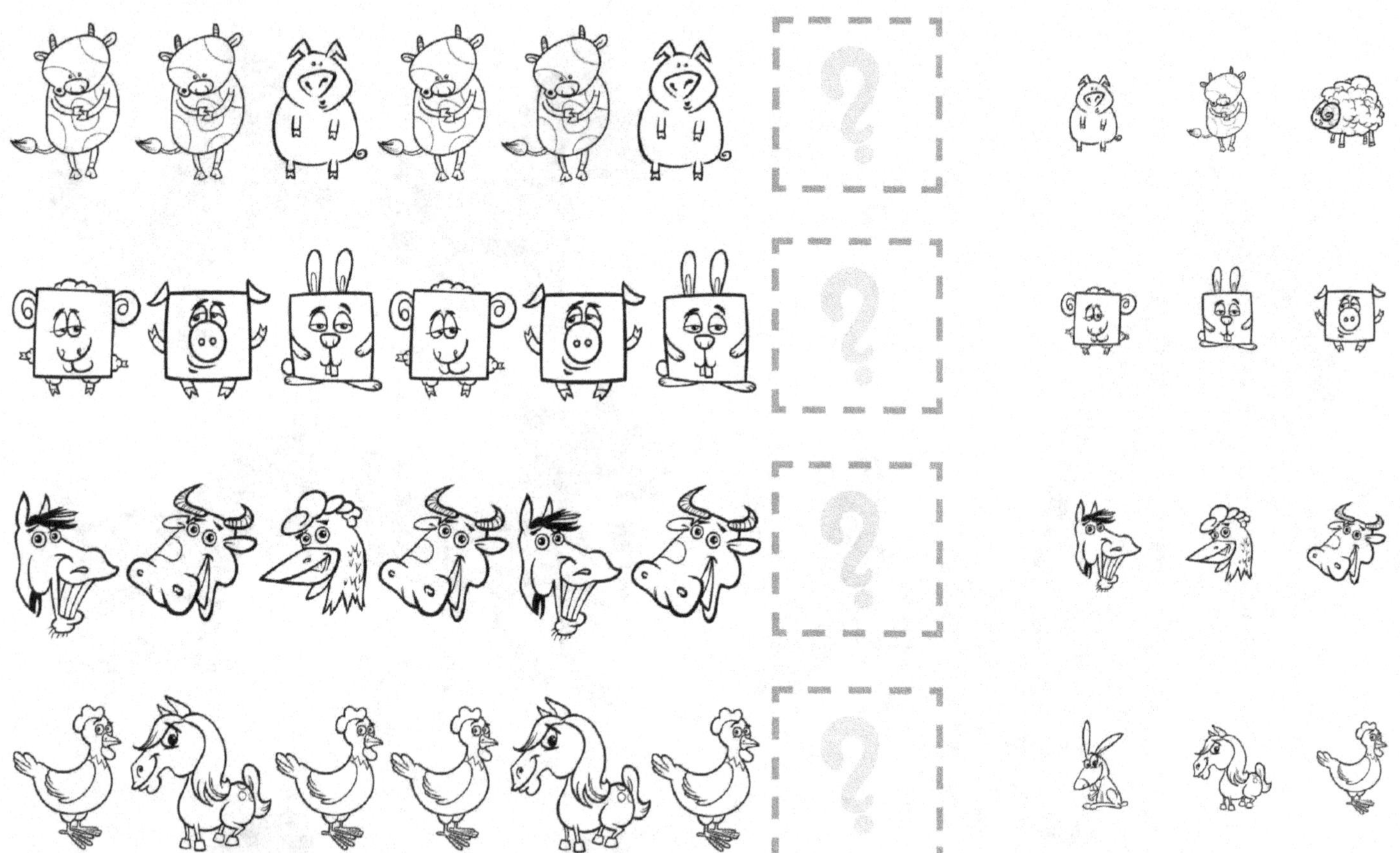

WHAT COMES NEXT?

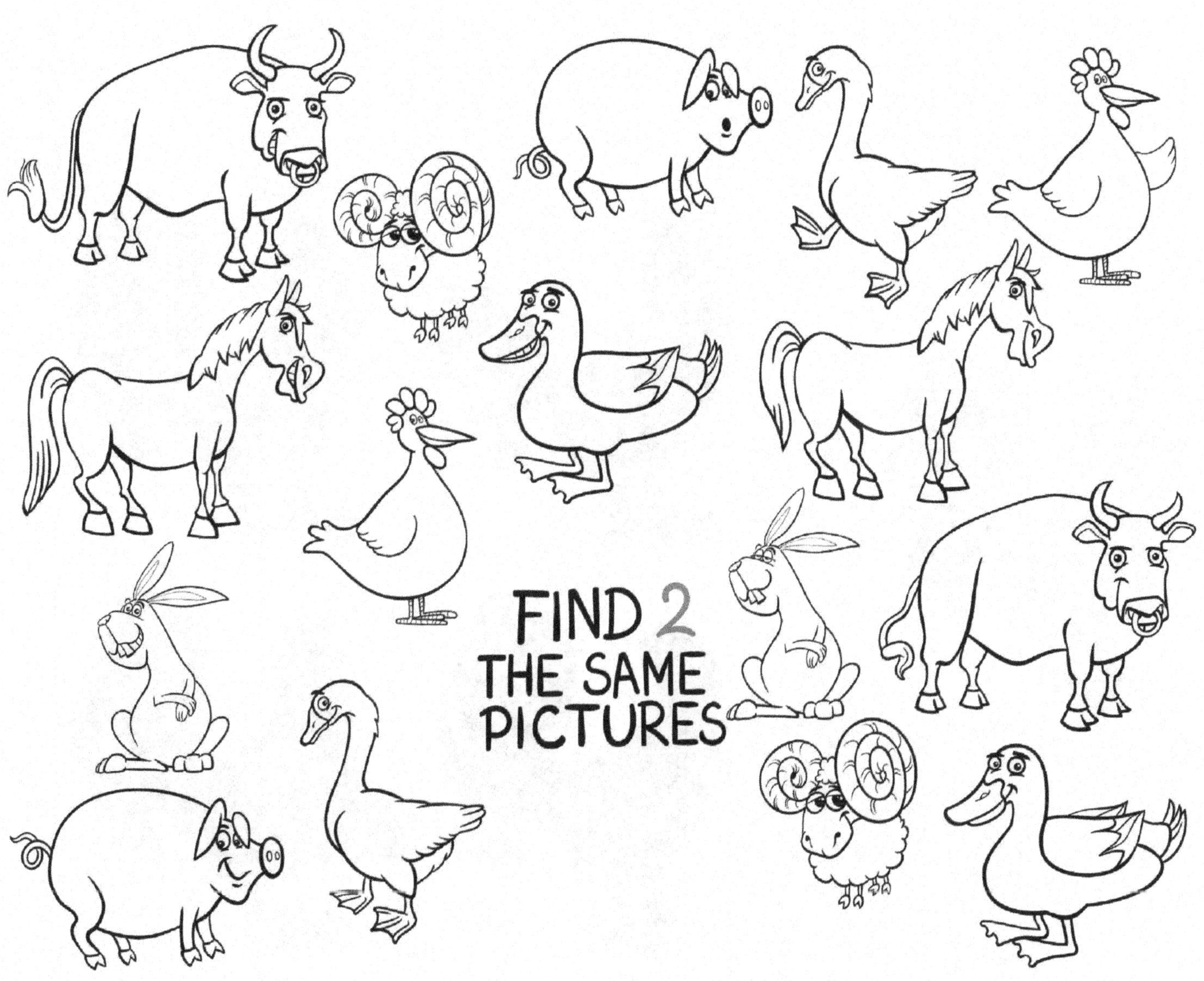
FIND 2
THE SAME
PICTURES

Find the correct shadow

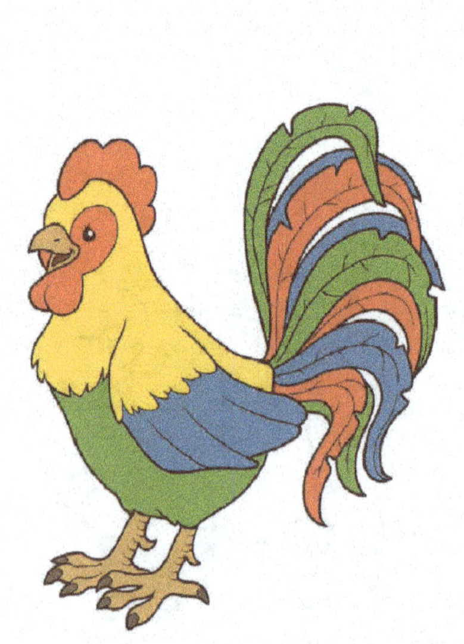

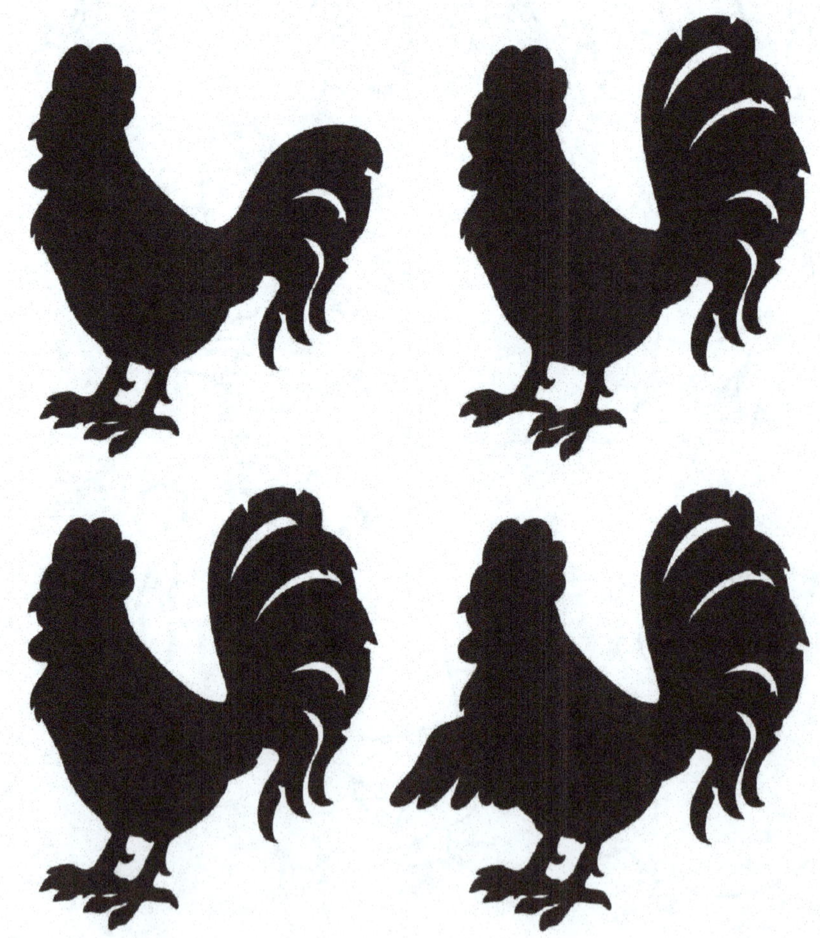

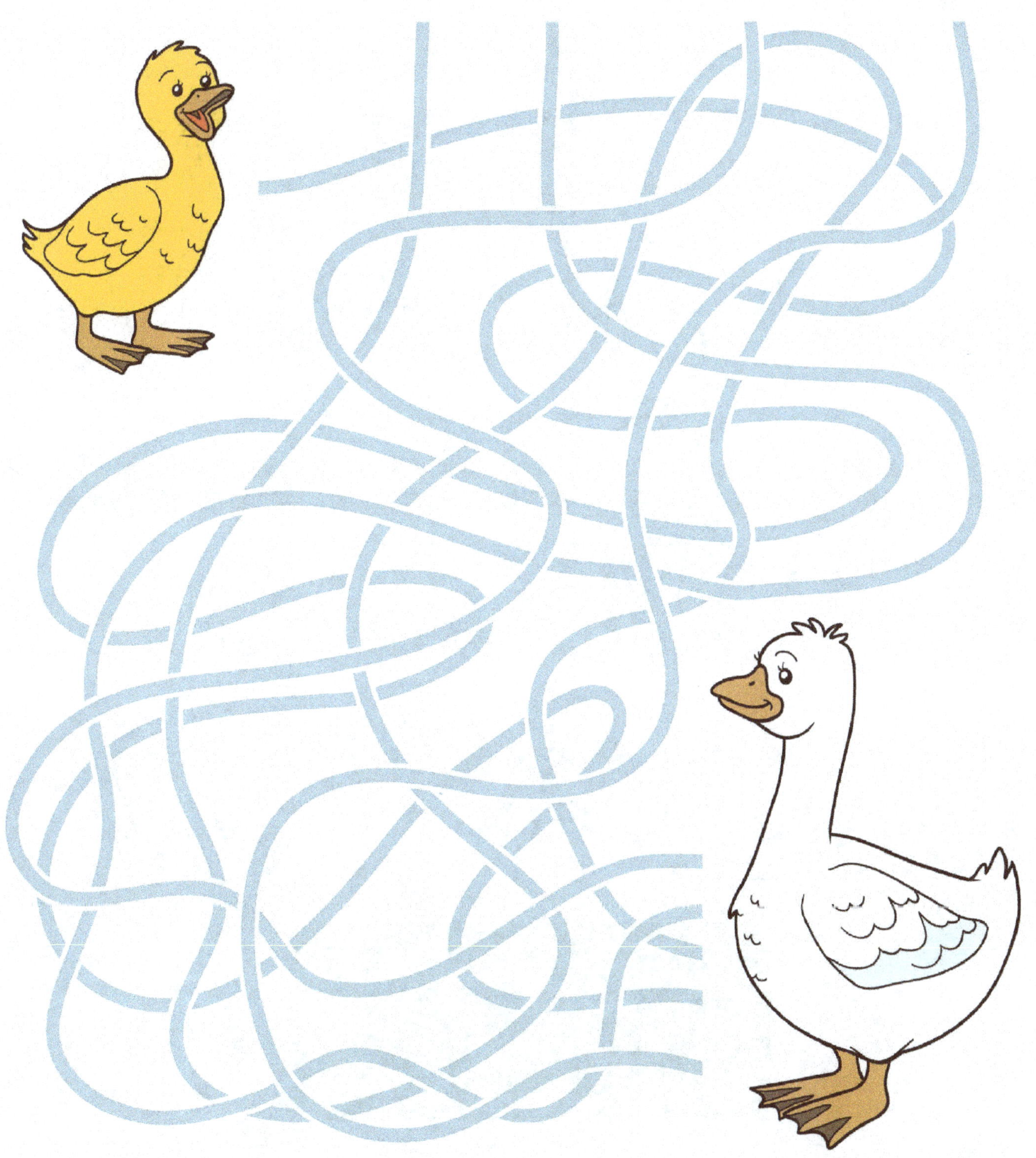

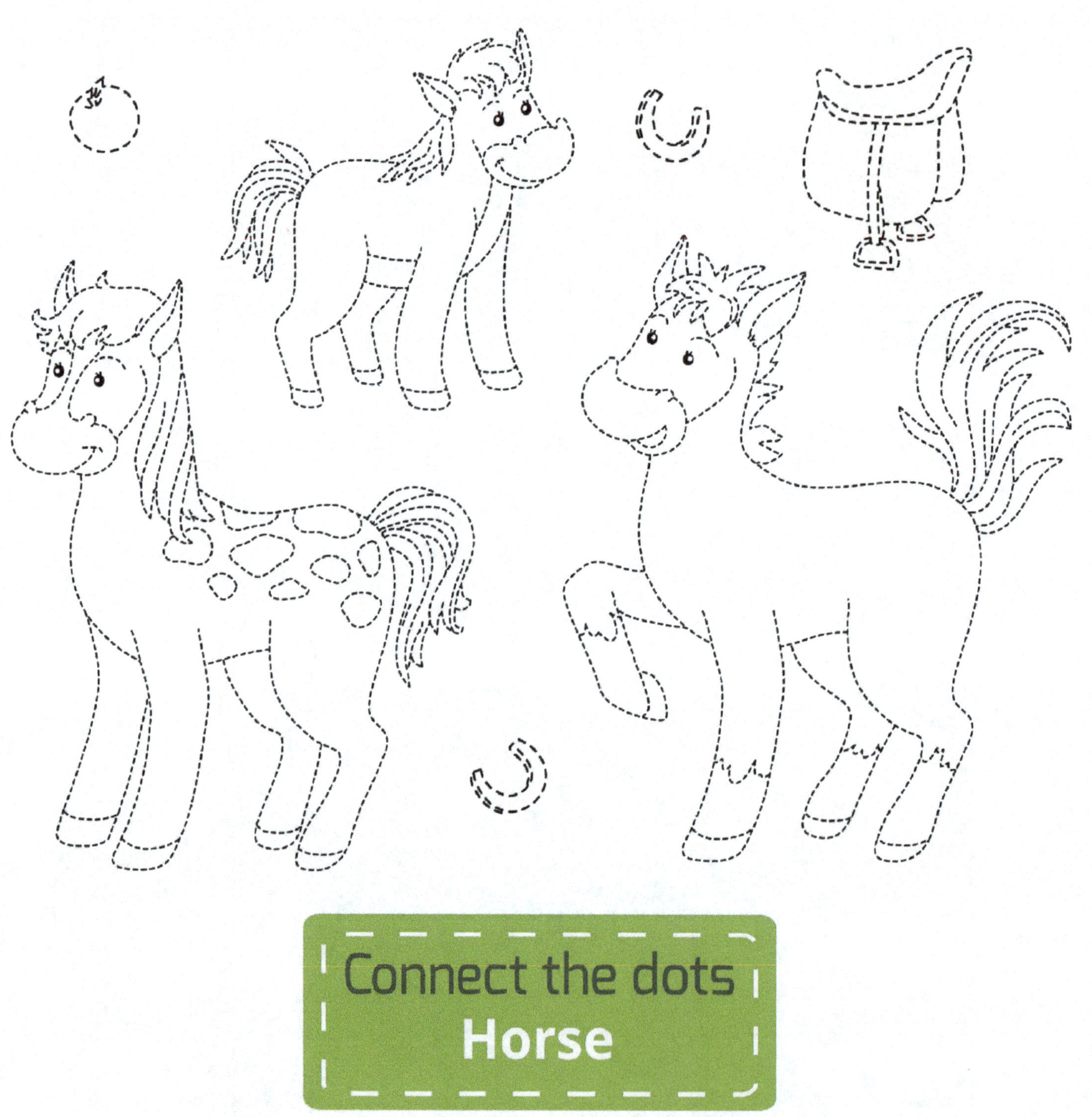

Connect the dots
Horse

Find the correct shadow

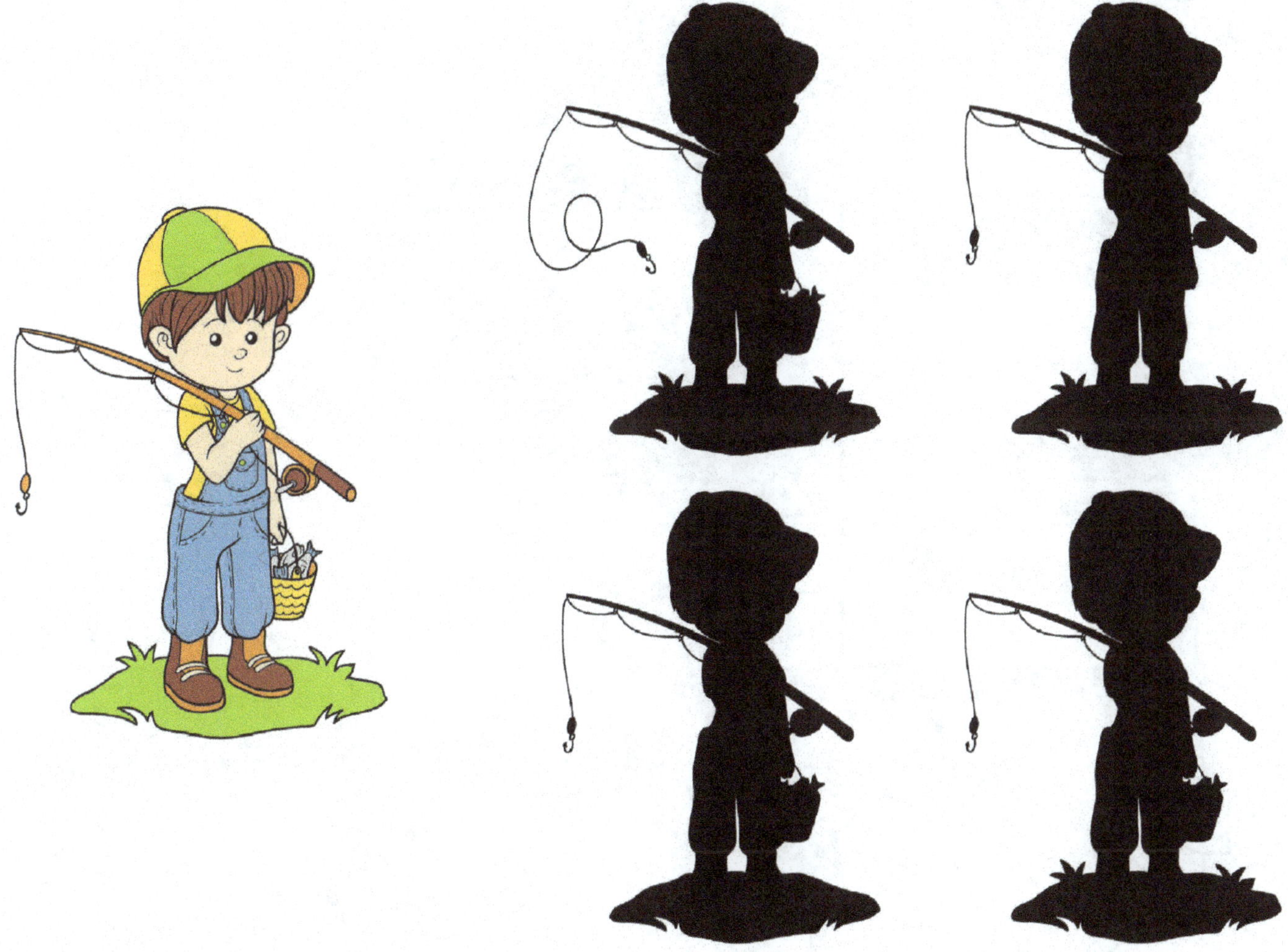

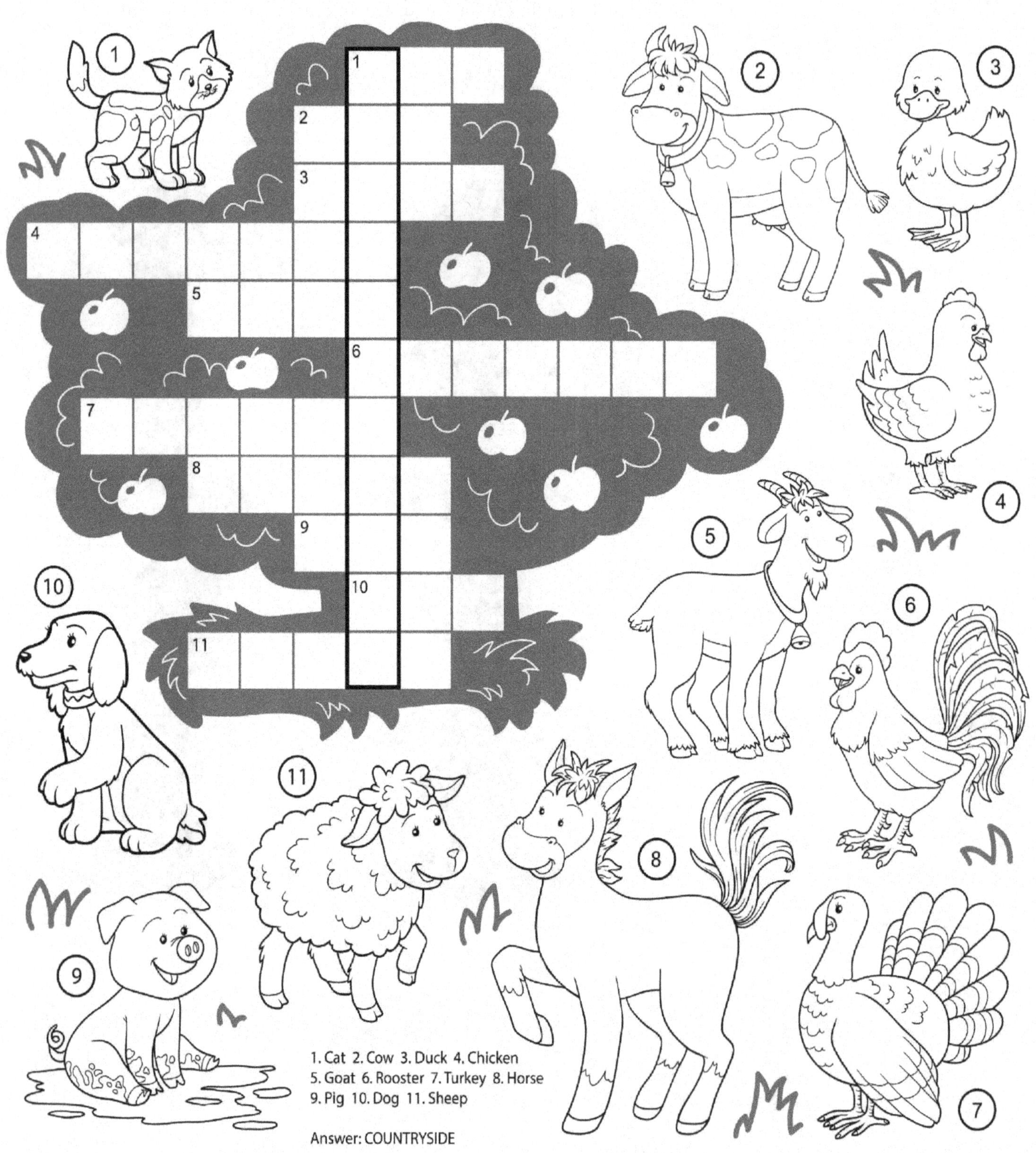

1. Cat 2. Cow 3. Duck 4. Chicken
5. Goat 6. Rooster 7. Turkey 8. Horse
9. Pig 10. Dog 11. Sheep

Answer: COUNTRYSIDE

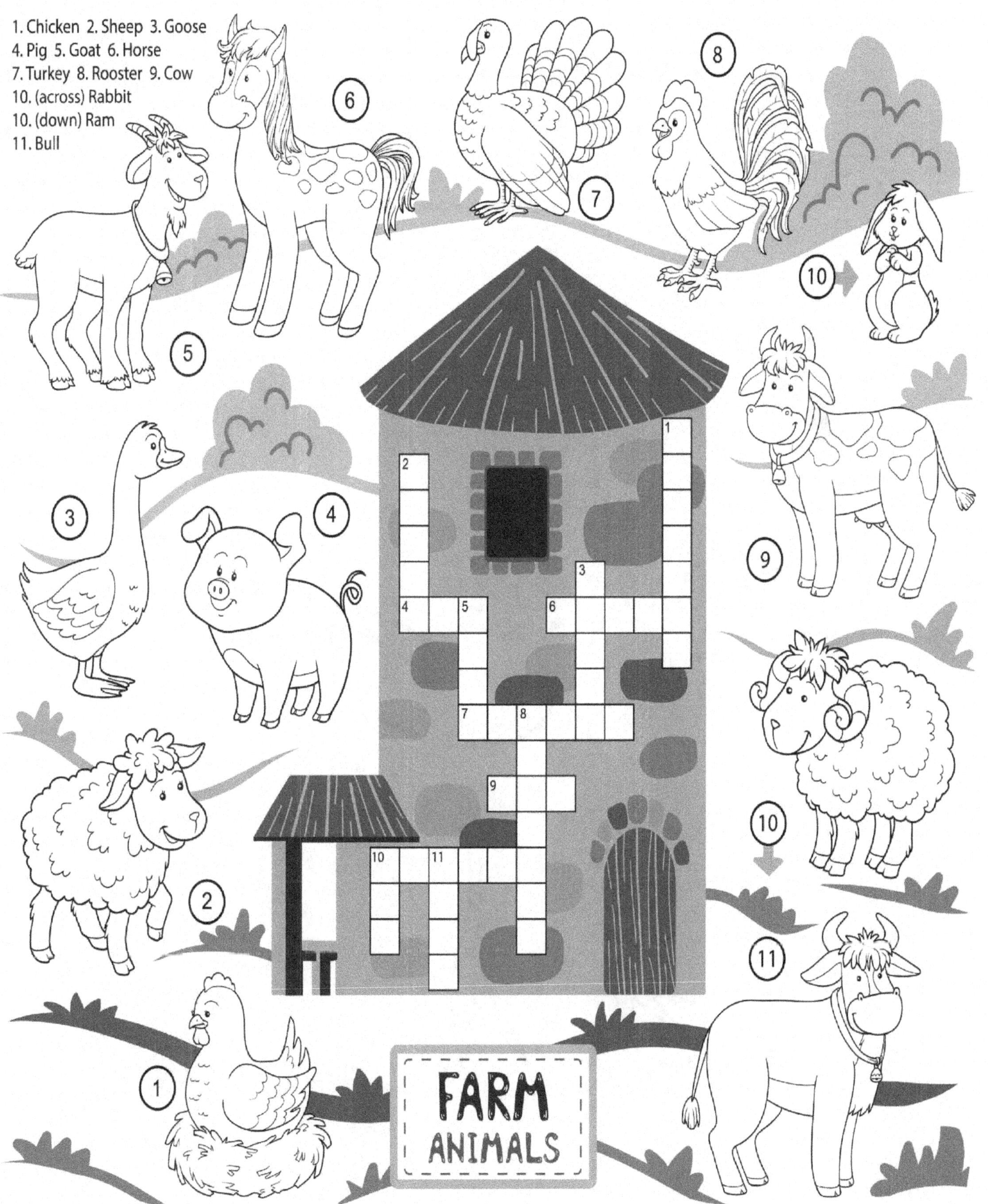
1. Chicken 2. Sheep 3. Goose
4. Pig 5. Goat 6. Horse
7. Turkey 8. Rooster 9. Cow
10. (across) Rabbit
10. (down) Ram
11. Bull
FARM
ANIMALS

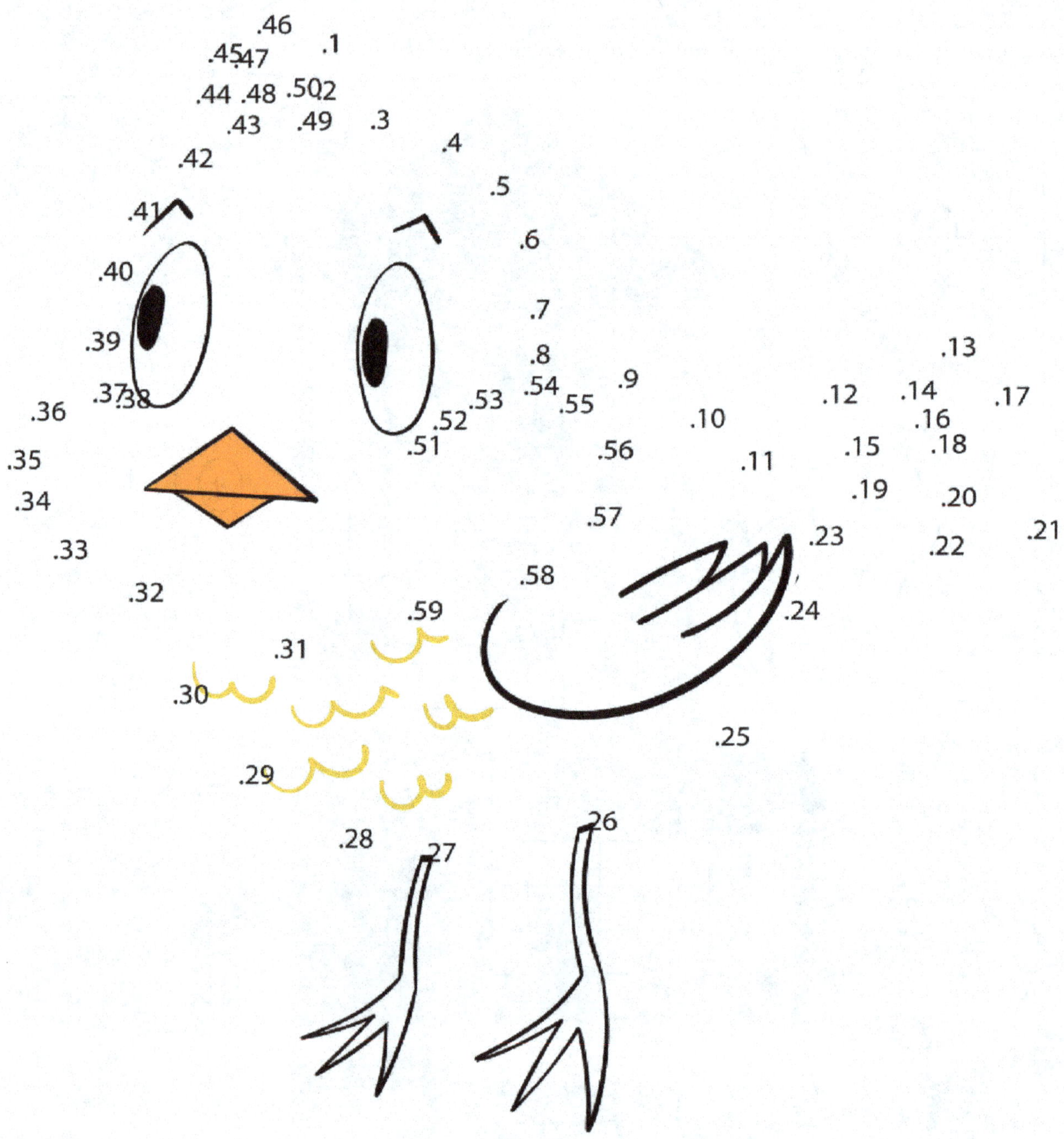

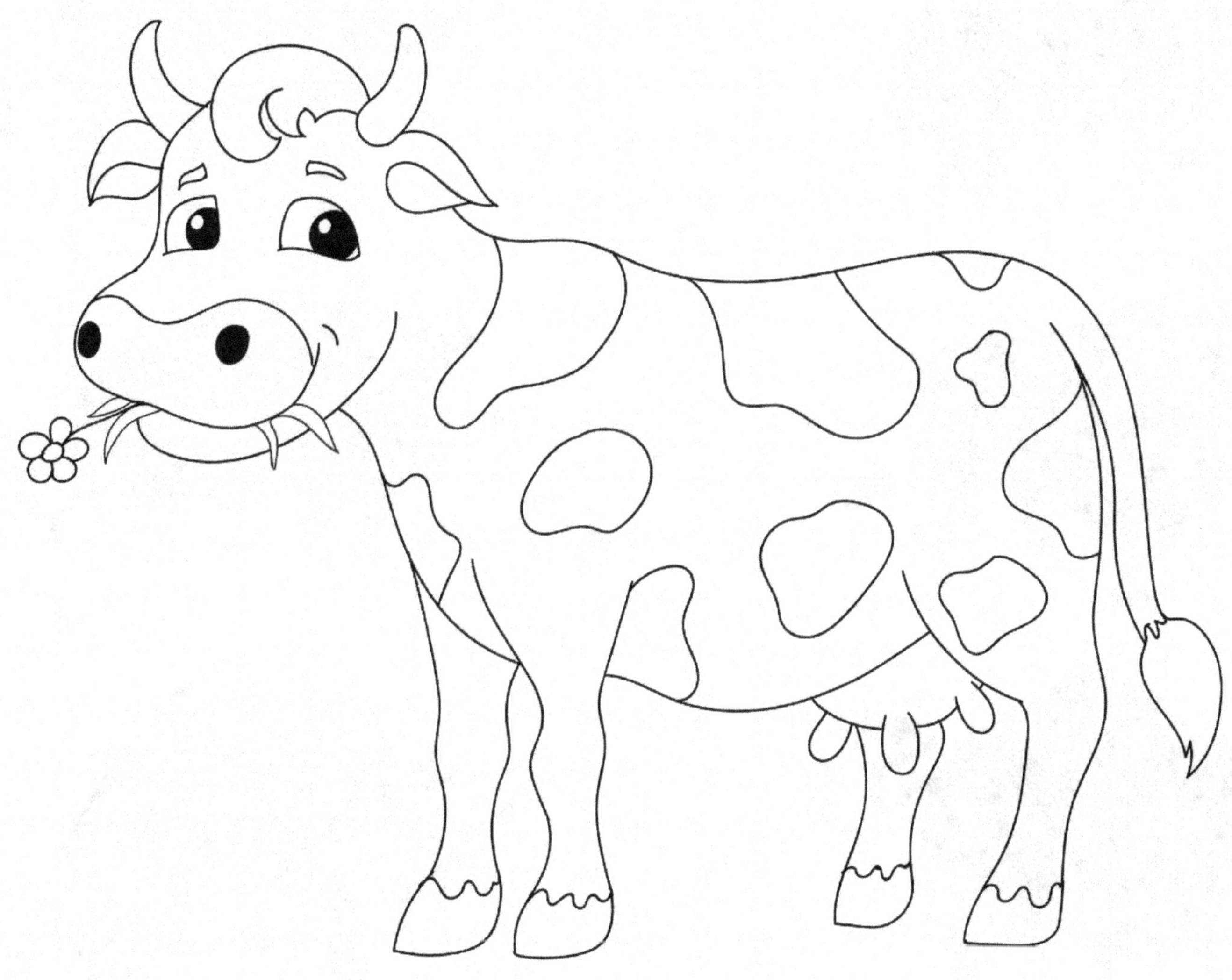

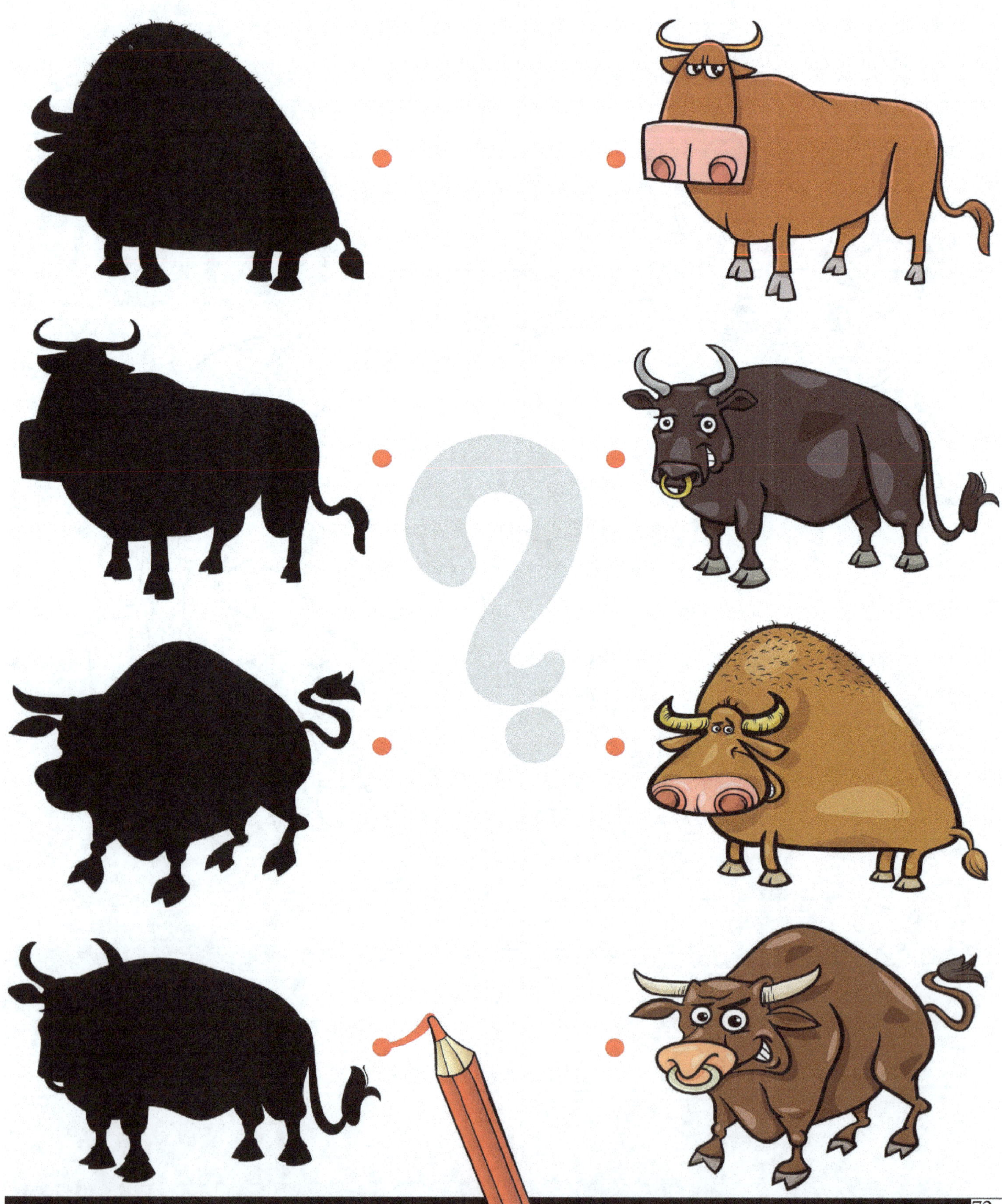

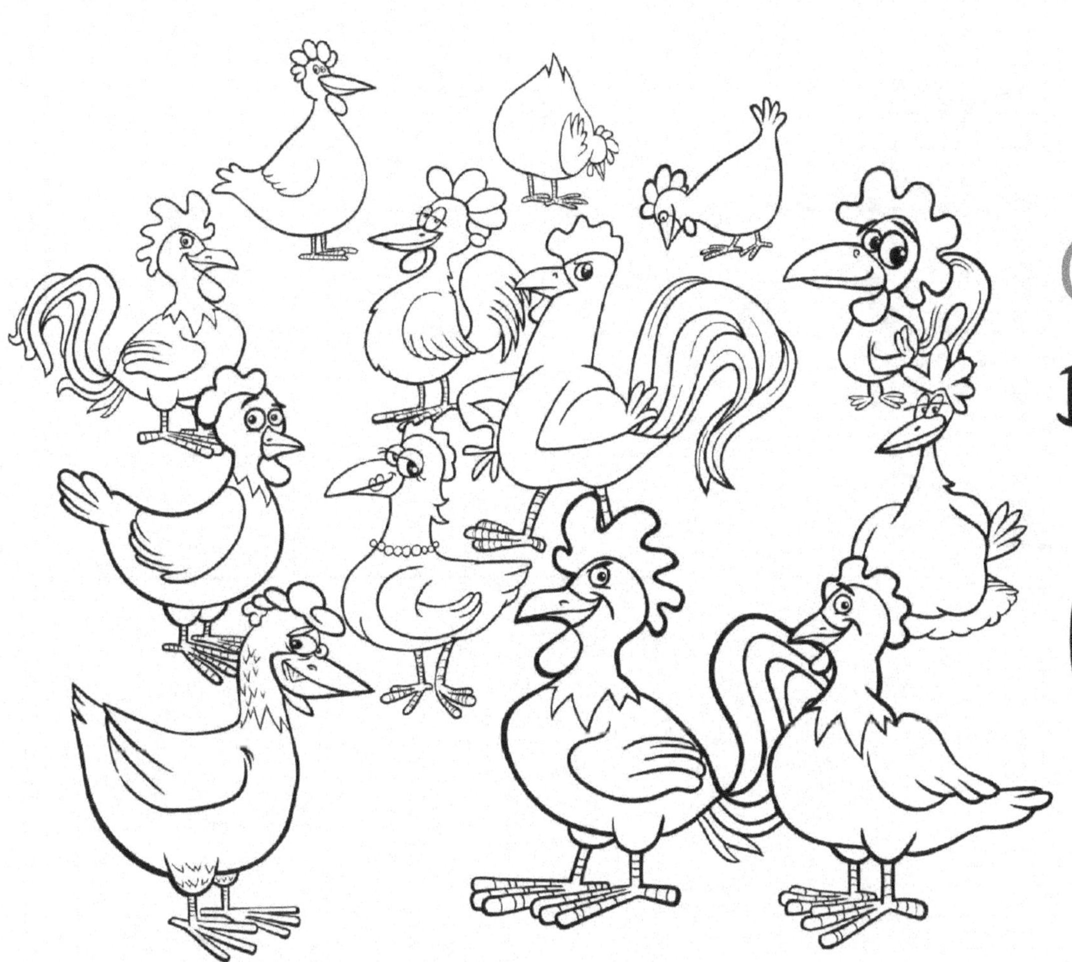
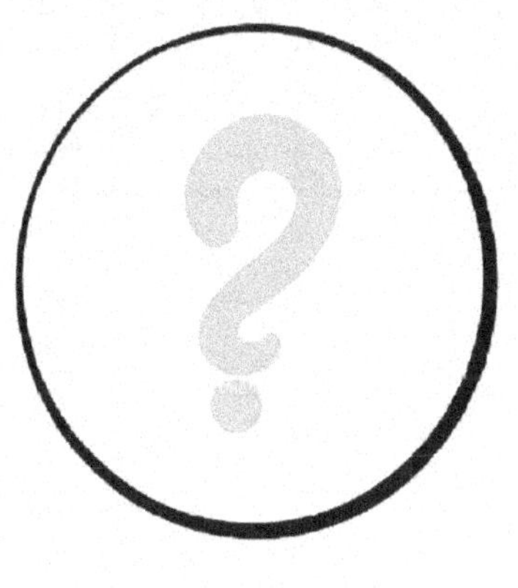

HOW MANY
CHICKENS
DO YOU SEE?
?

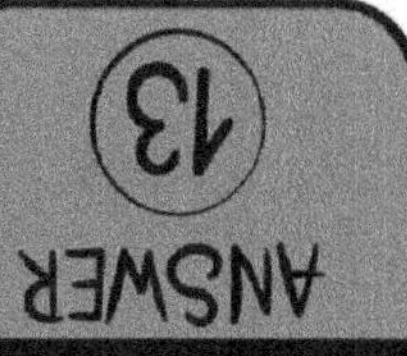

ANSWER
13

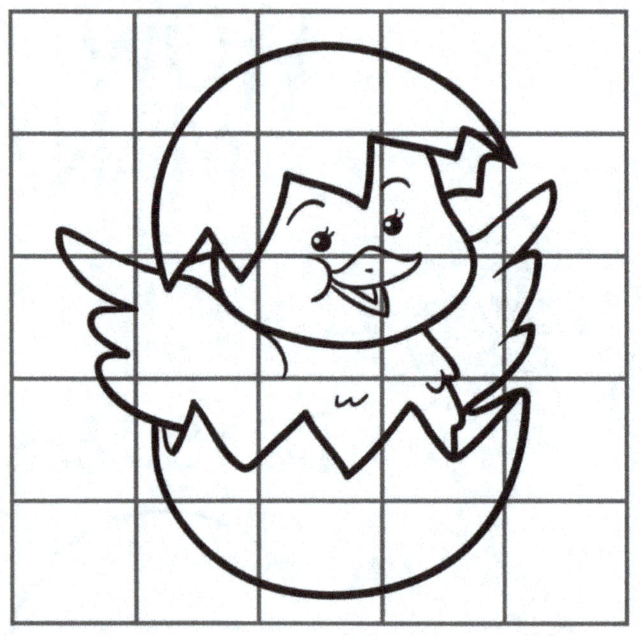 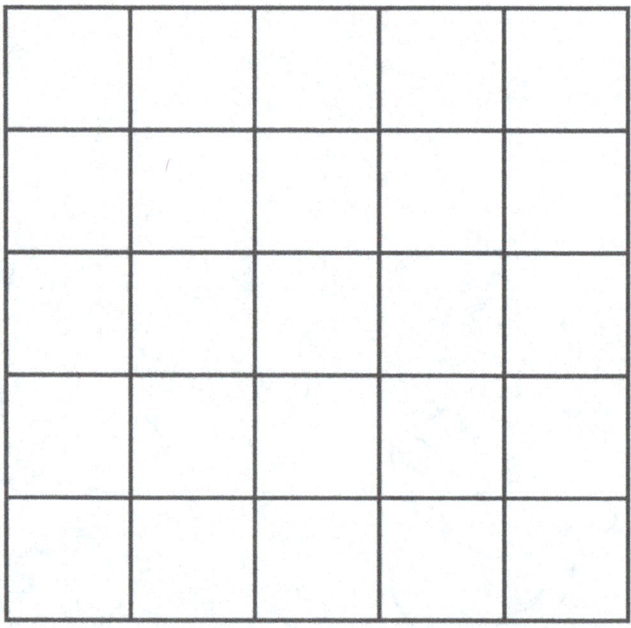

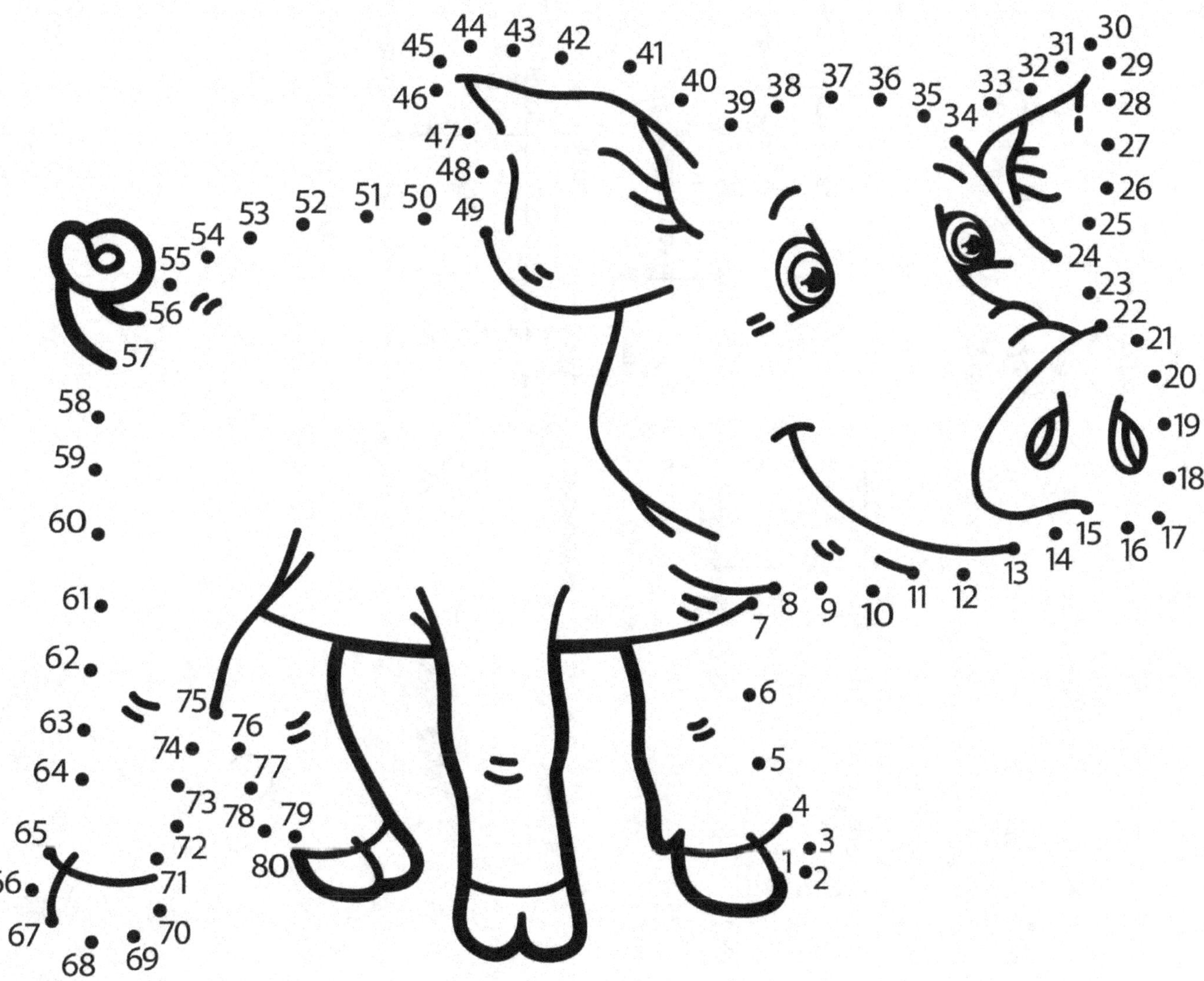

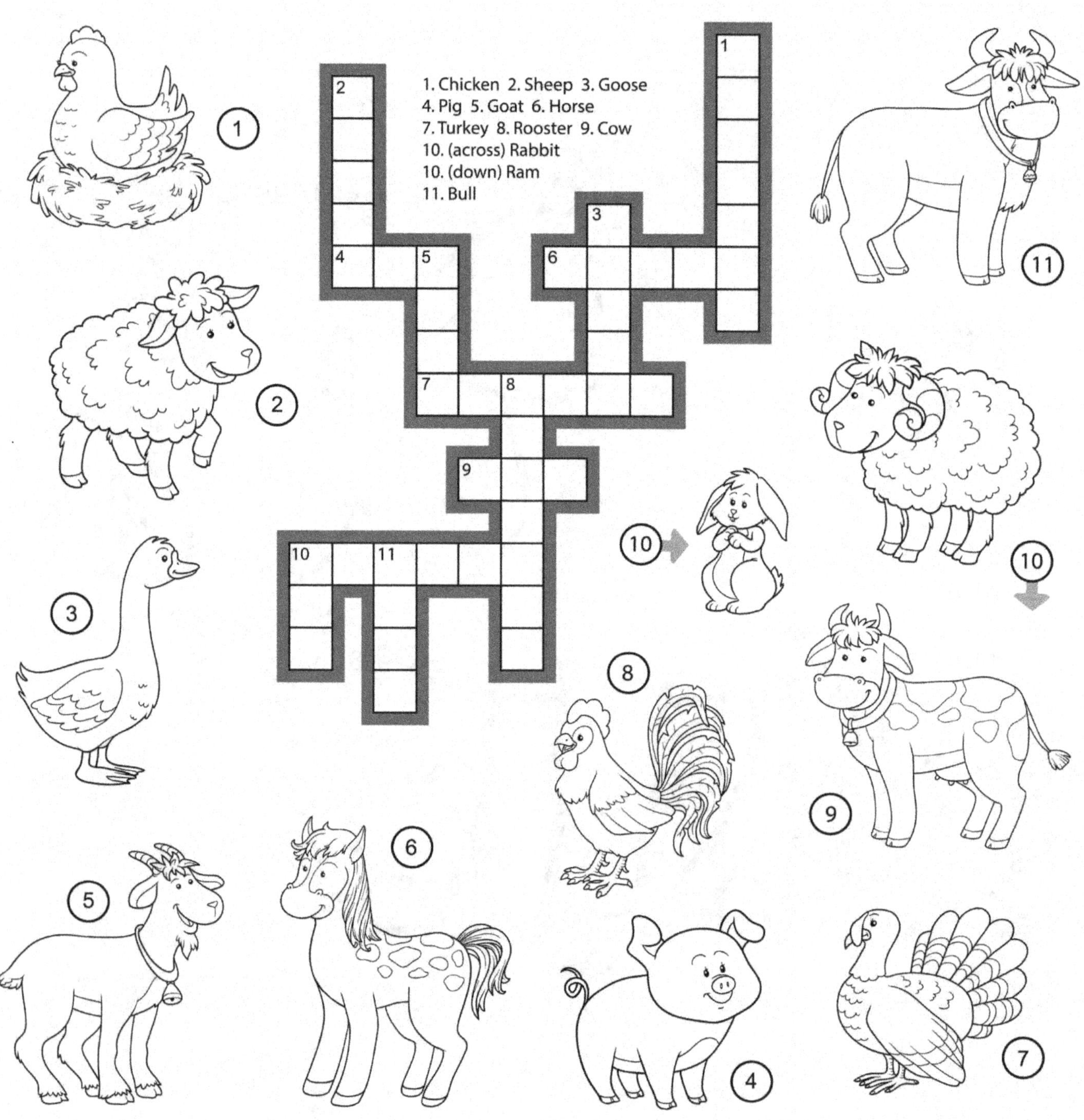

1. Chicken 2. Sheep 3. Goose
4. Pig 5. Goat 6. Horse
7. Turkey 8. Rooster 9. Cow
10. (across) Rabbit
10. (down) Ram
11. Bull

Match by type

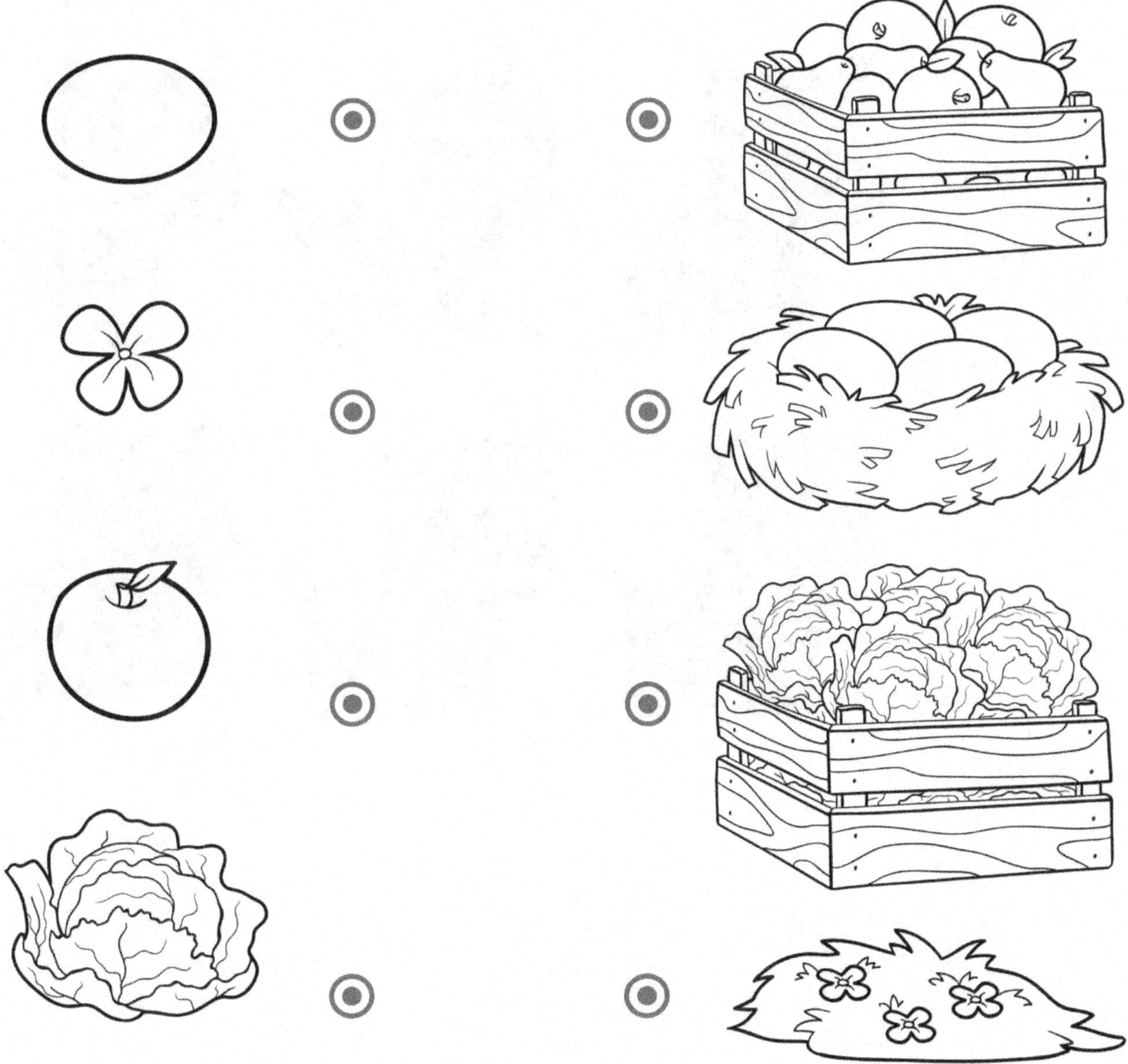

Find the correct shadow

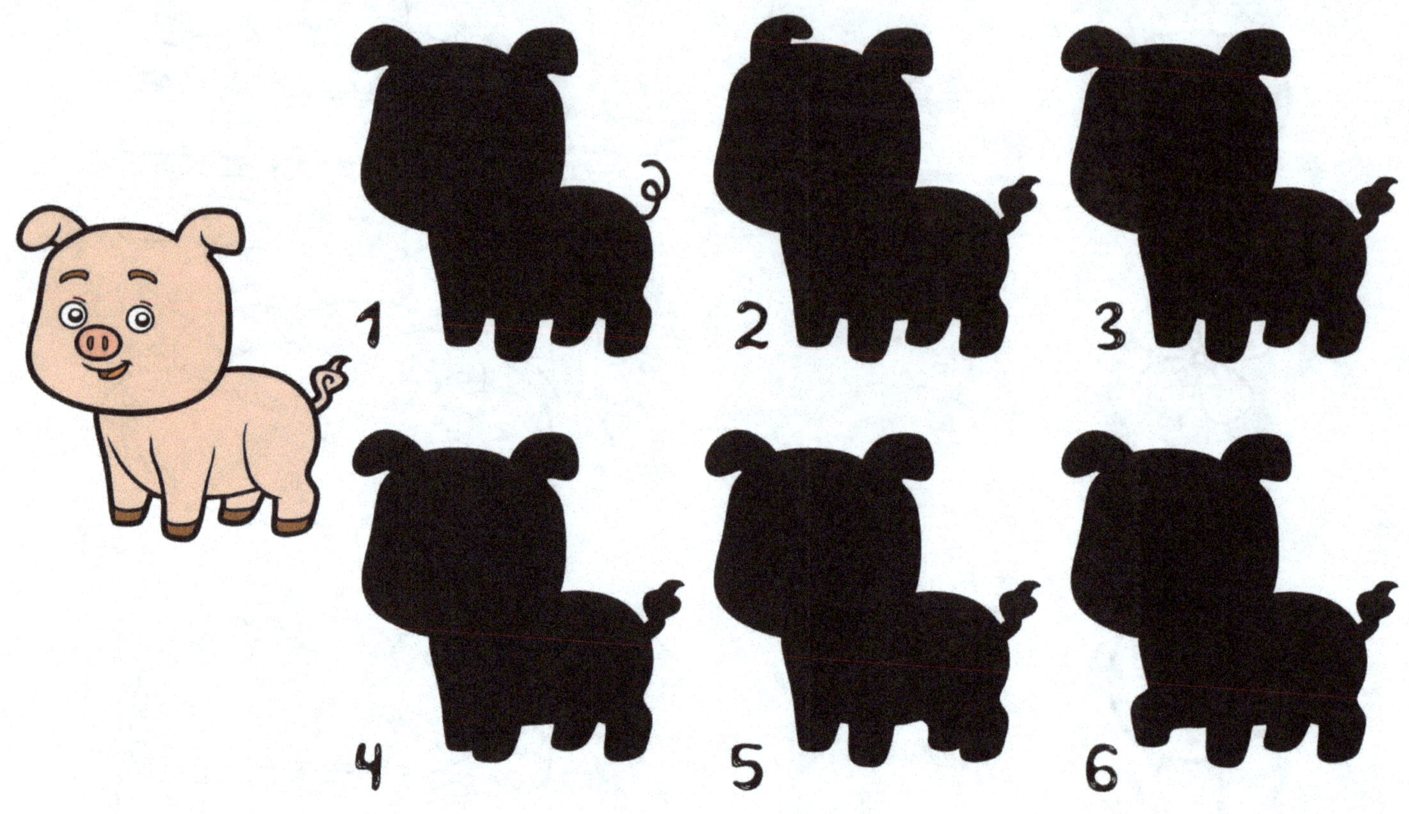

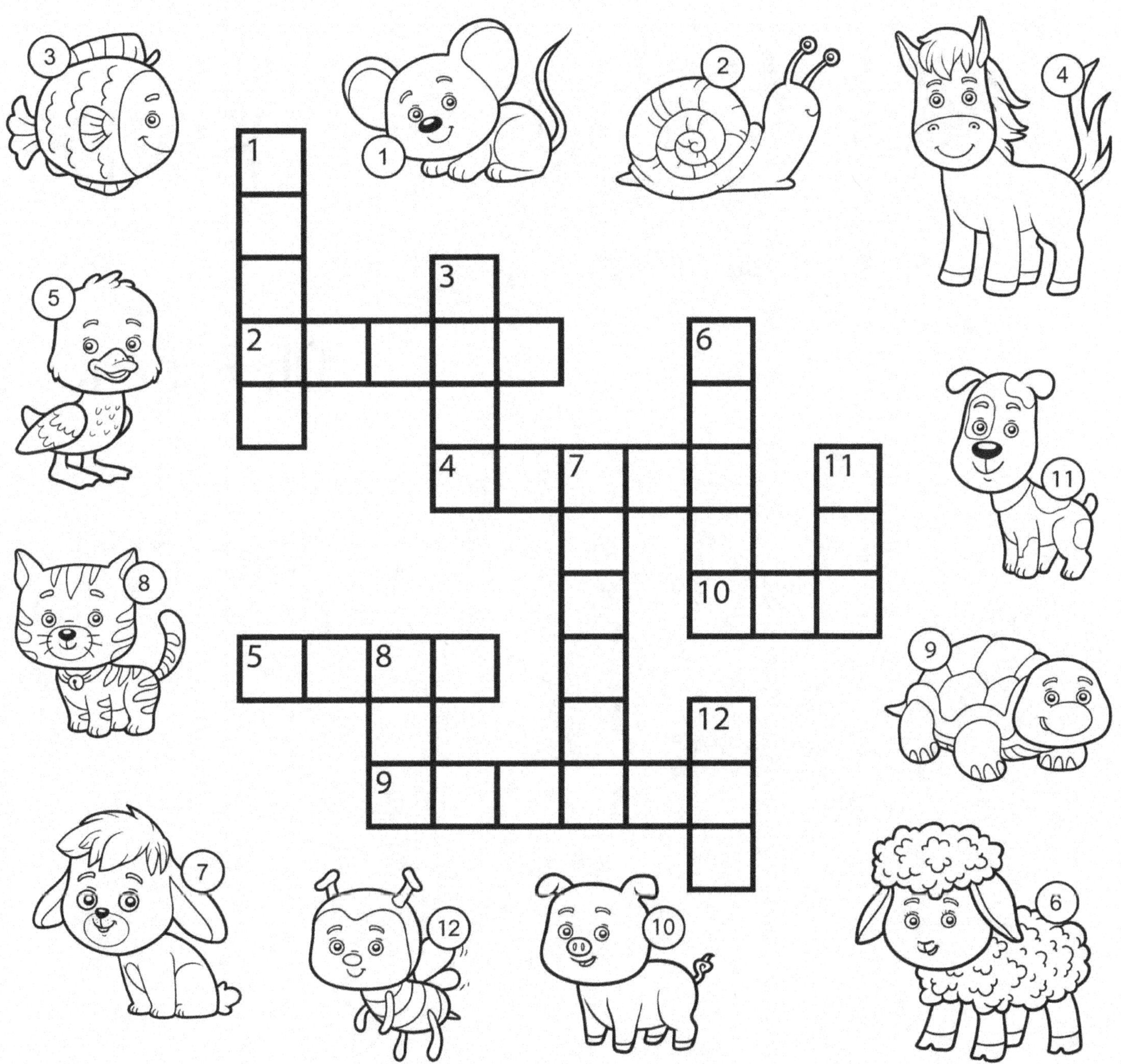

ANSWER: 1. mouse 2. snail 3. fish 4. horse 5. duck 6. sheep 7. rabbit 8. cat 9. turtle 10. pig 11. dog 12. bee

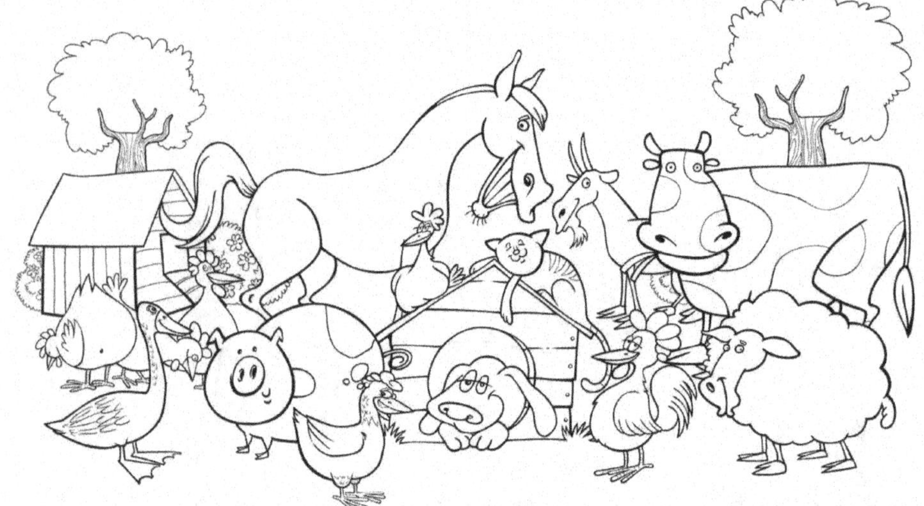

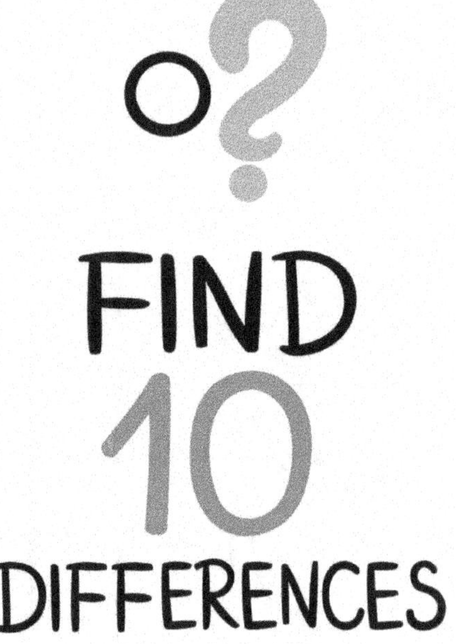
FIND
10
DIFFERENCES

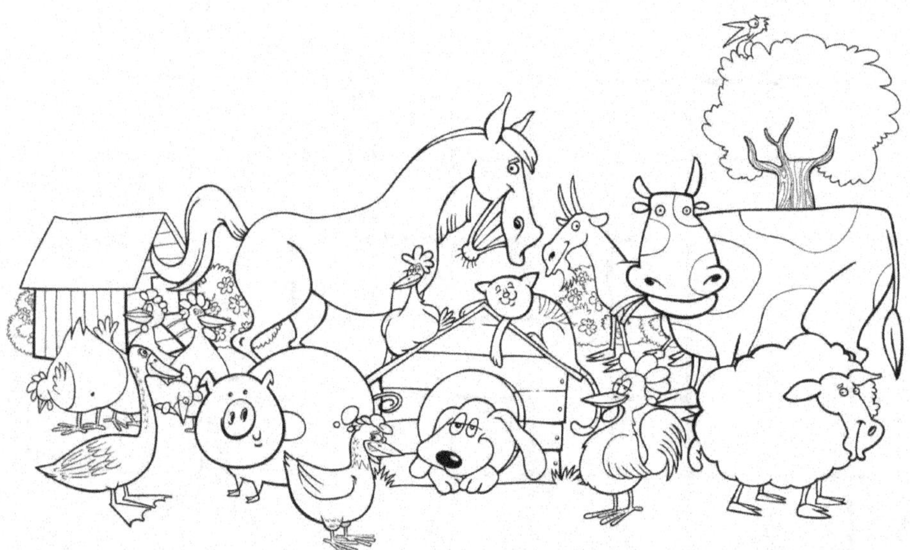

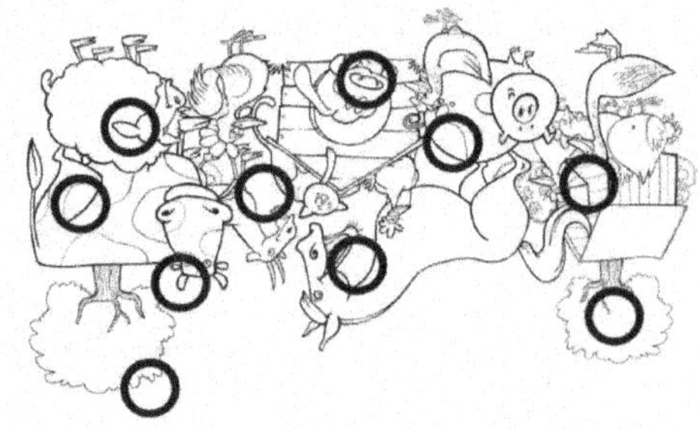

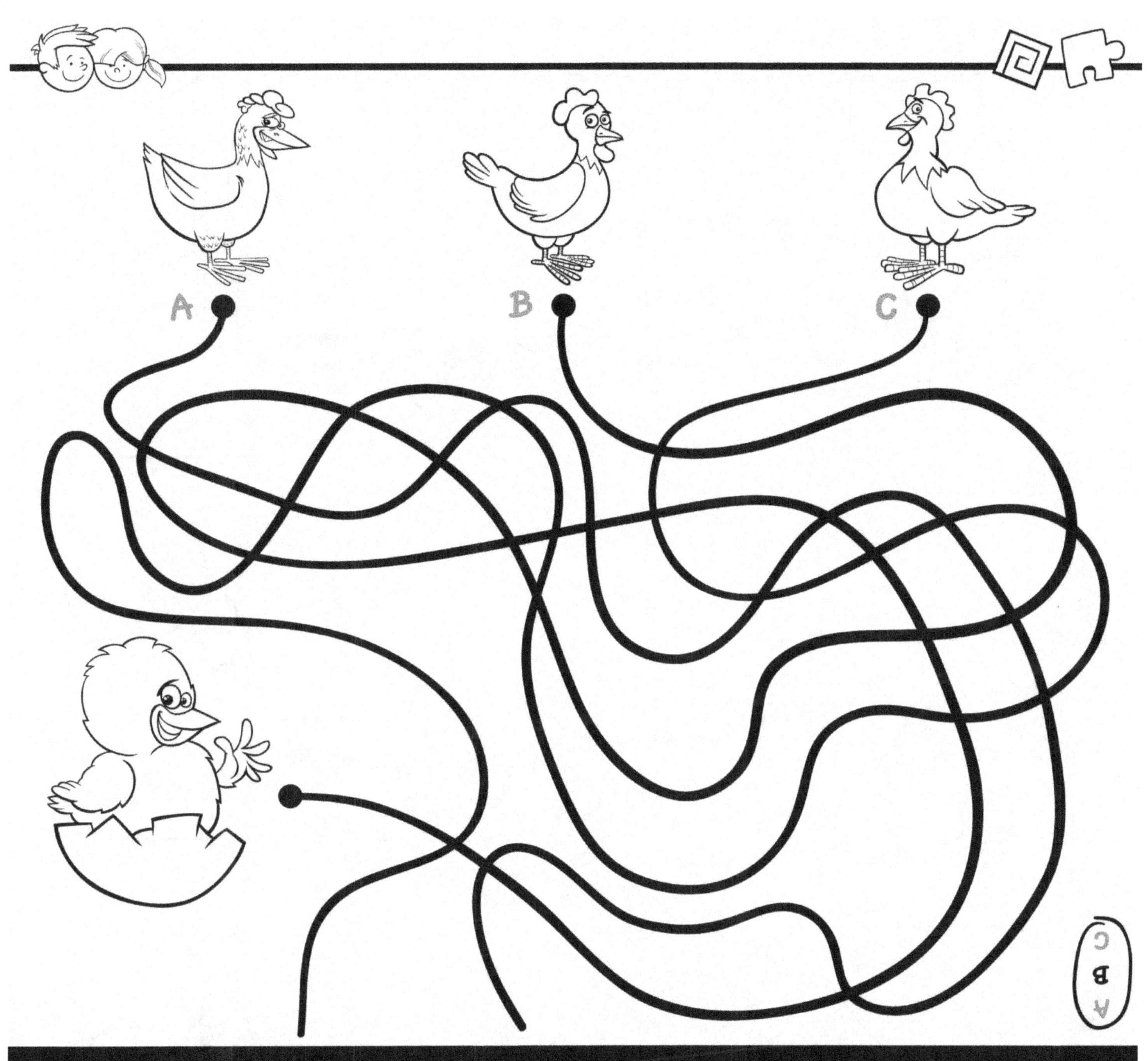
A
B
C

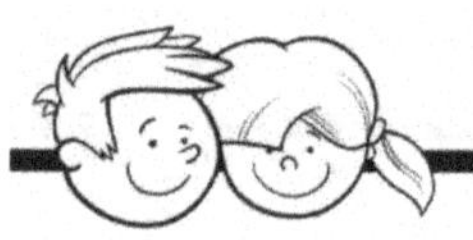
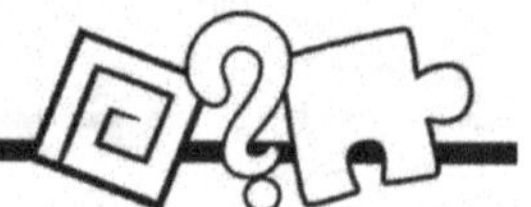

1. 9 − 3 =

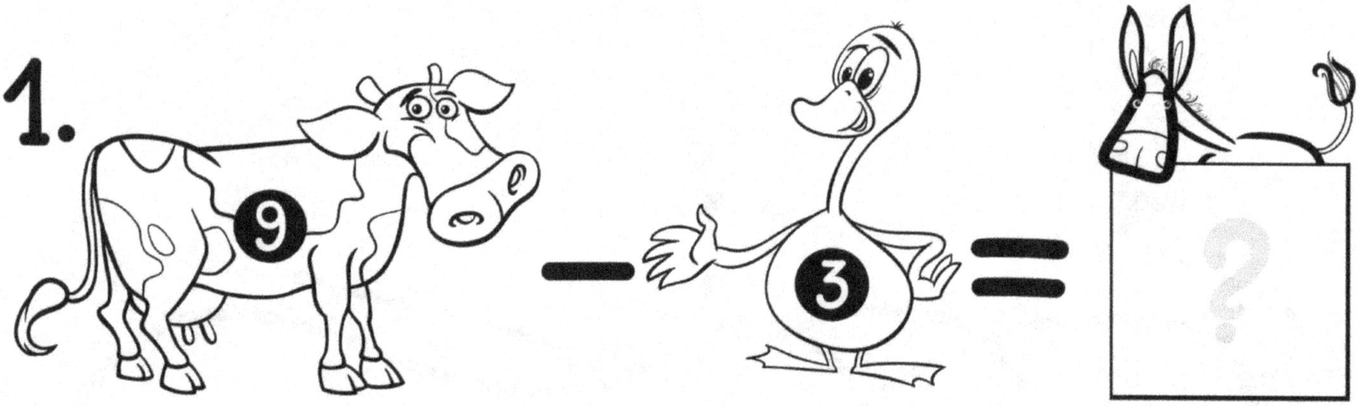

2. 13 − 11 =

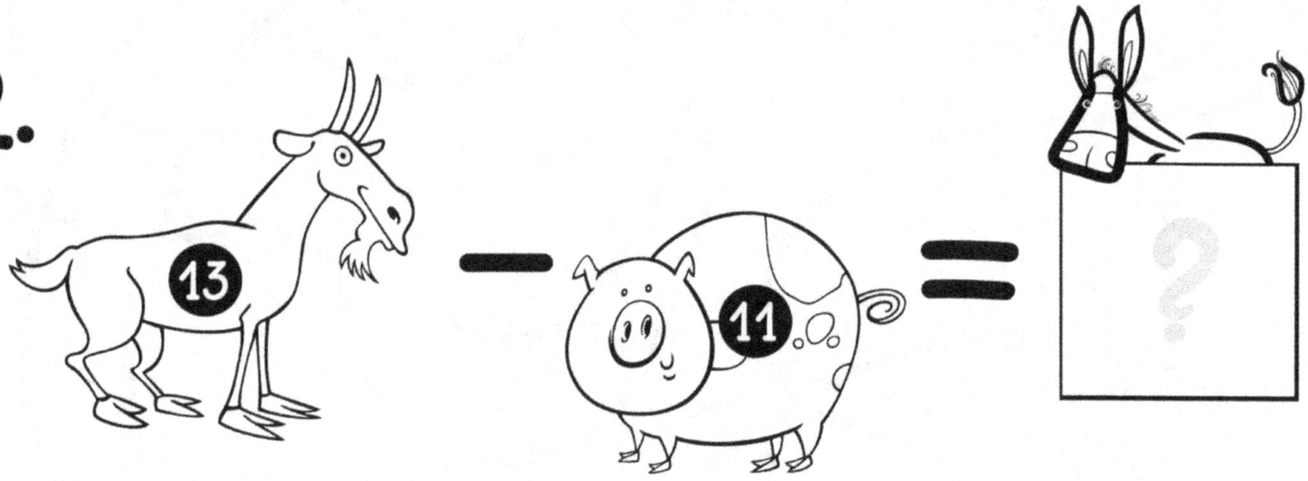

3. 18 − 6 =

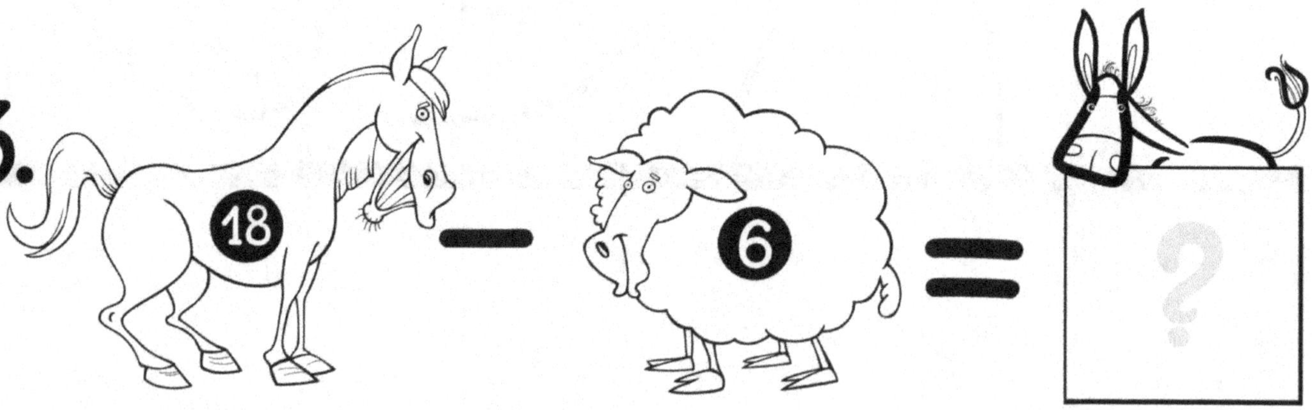

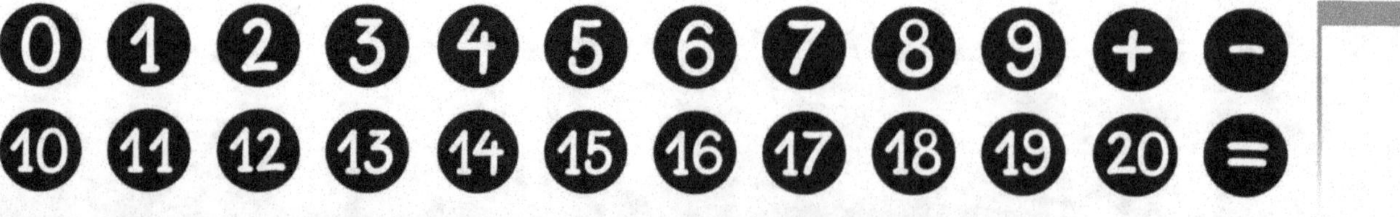

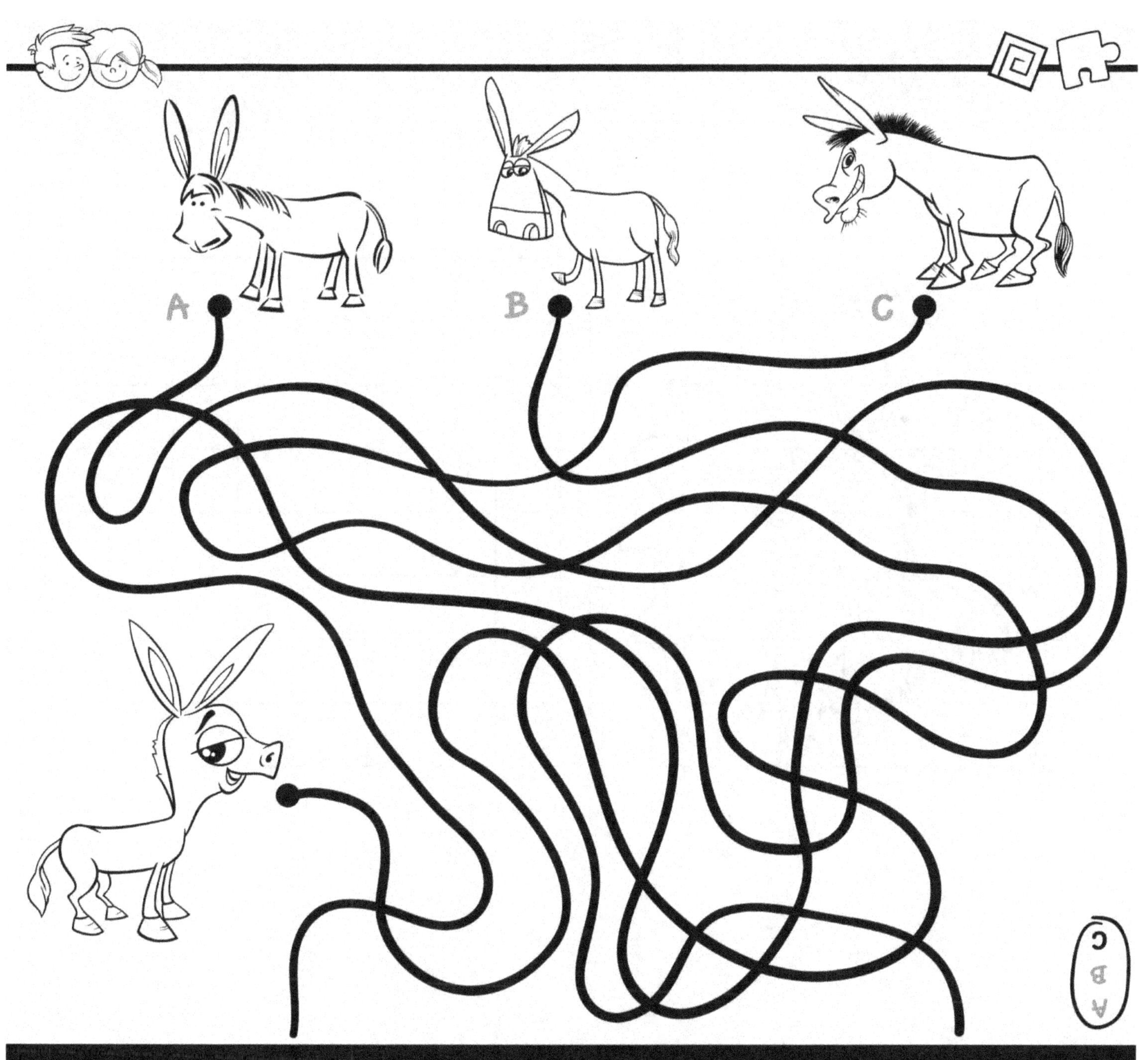

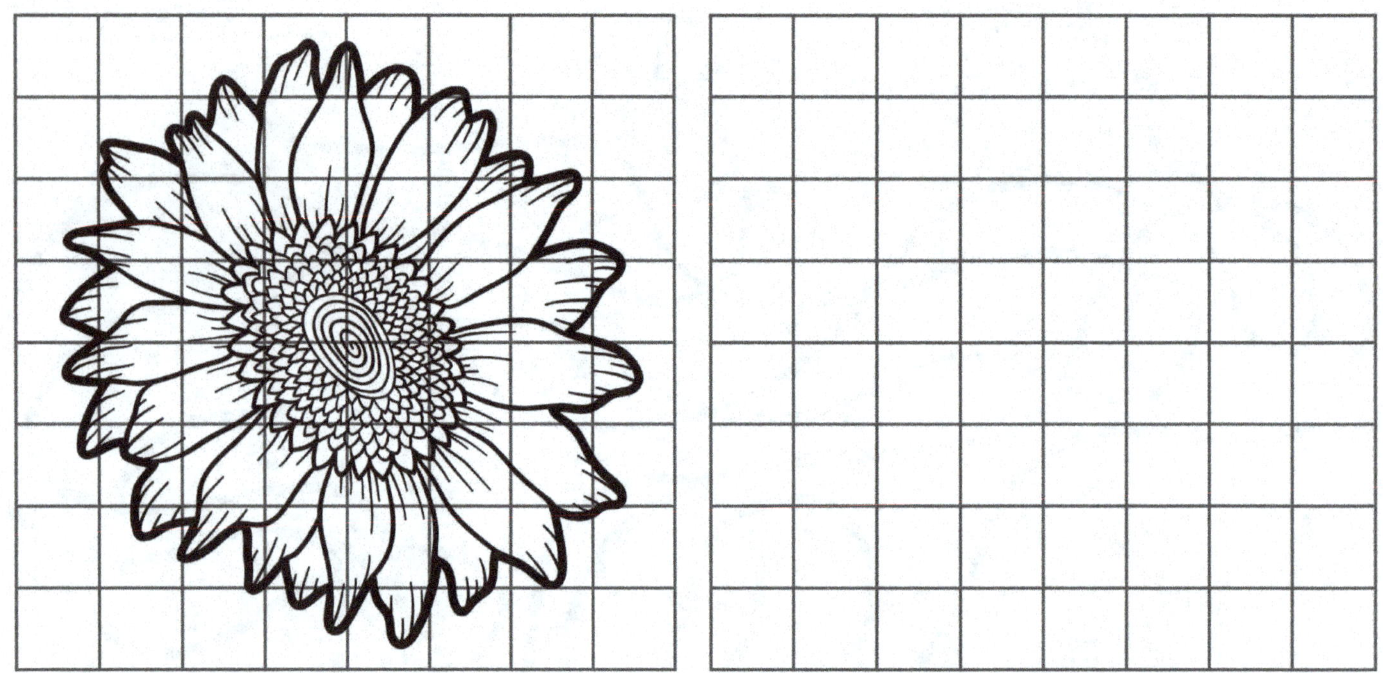

Sunflower

Piggy

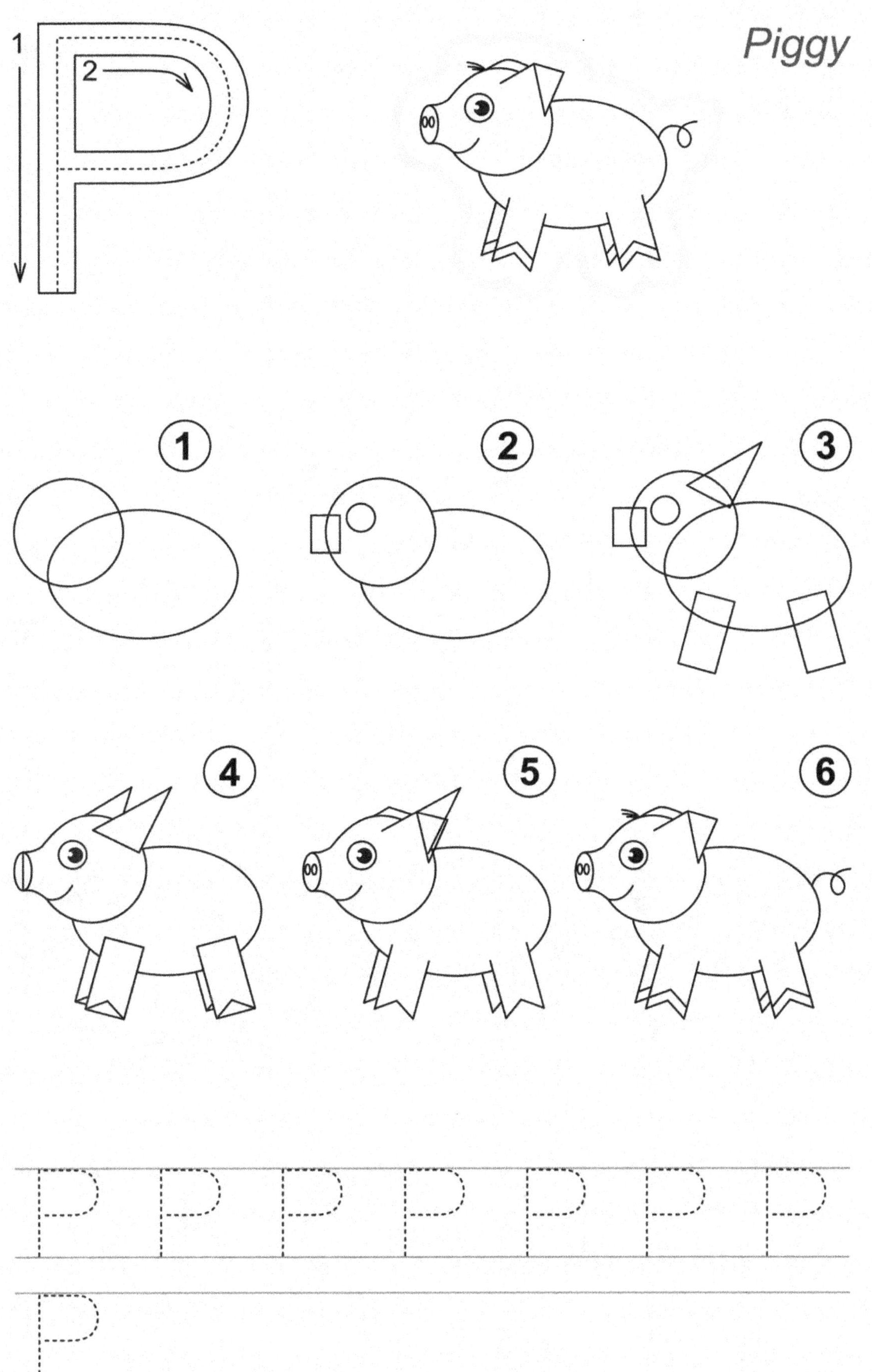

1
2
3
4
5
6

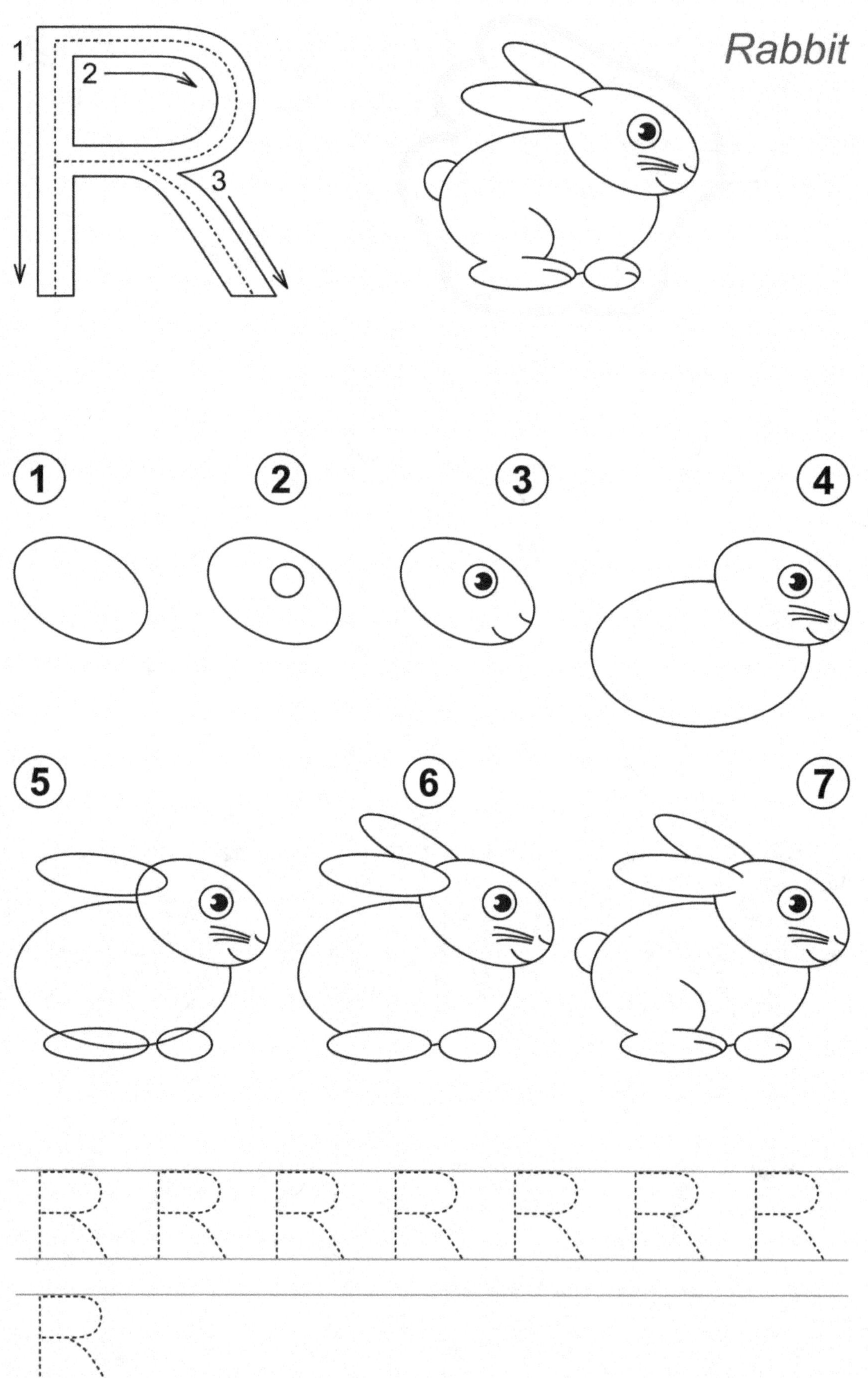

Rabbit

WORD SEARCH PUZZLE

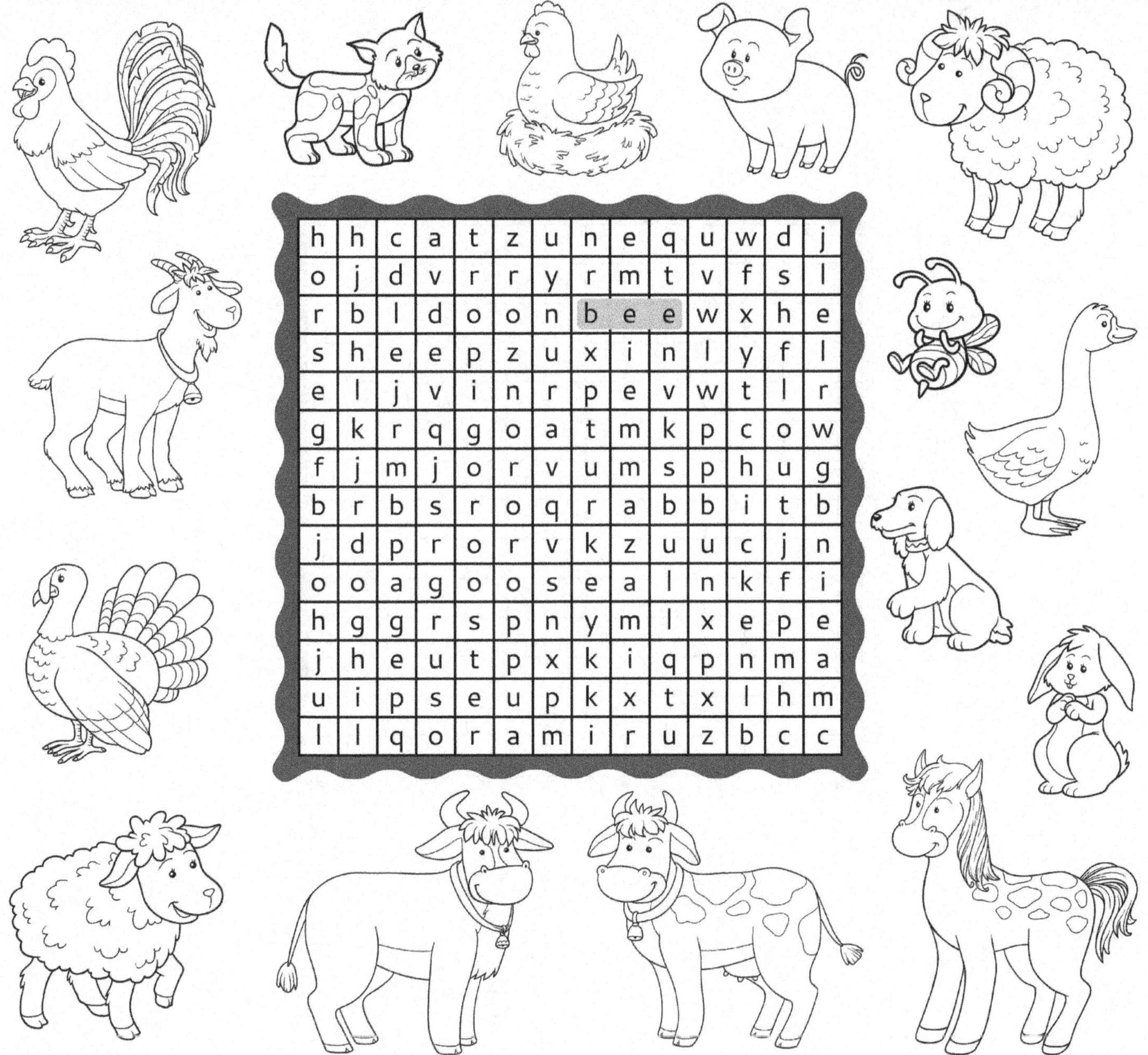

h	h	c	a	t	z	u	n	e	q	u	w	d	j
o	j	d	v	r	r	y	r	m	t	v	f	s	l
r	b	l	d	o	o	n	b	e	e	w	x	h	e
s	h	e	e	p	z	u	x	i	n	l	y	f	l
e	l	j	v	i	n	r	p	e	v	w	t	l	r
g	k	r	q	g	o	a	t	m	k	p	c	o	w
f	j	m	j	o	r	v	u	m	s	p	h	u	g
b	r	b	s	r	o	q	r	a	b	b	i	t	b
j	d	p	r	o	r	v	k	z	u	u	c	j	n
o	o	a	g	o	o	s	e	a	l	n	k	f	i
h	g	g	r	s	p	n	y	m	l	x	e	p	e
j	h	e	u	t	p	x	k	i	q	p	n	m	a
u	i	p	s	e	u	p	k	x	t	x	l	h	m
l	l	q	o	r	a	m	i	r	u	z	b	c	c

WORD SEARCH PUZZLE

C	O	C	O	N	U	T	X	P	M
B	P	A	P	A	Y	A	Z	O	A
K	A	V	O	C	A	D	O	M	N
I	P	N	O	R	A	N	G	E	G
W	P	F	A	G	M	A	N	G	O
I	L	S	Q	N	U	W	Y	R	S
P	E	A	R	L	A	Z	F	A	T
P	E	R	S	I	M	M	O	N	E
W	D	Q	Z	G	U	A	V	A	E
O	Z	A	P	R	I	C	O	T	N
P	I	N	E	A	P	P	L	E	R

WORD SEARCH PUZZLE

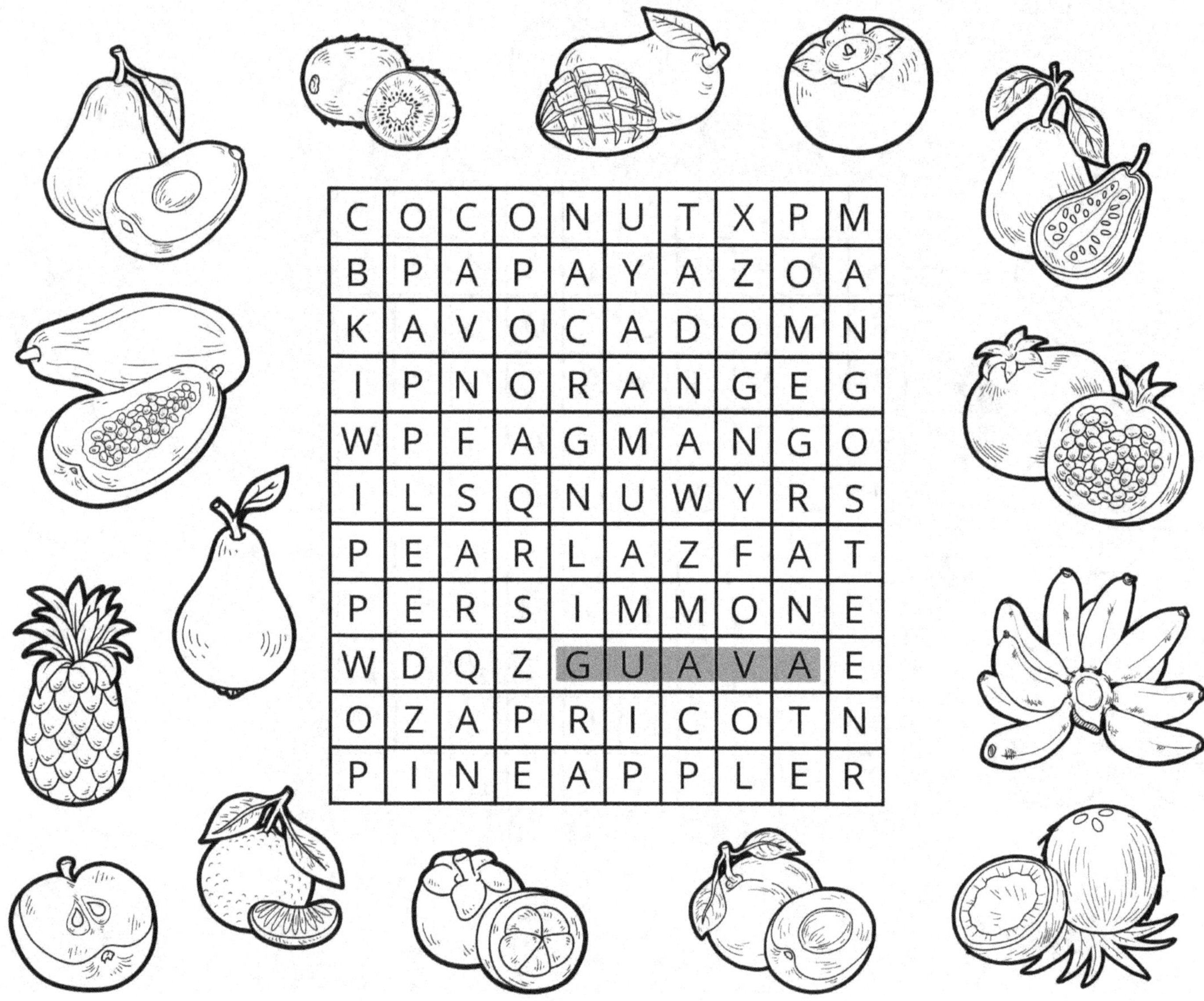

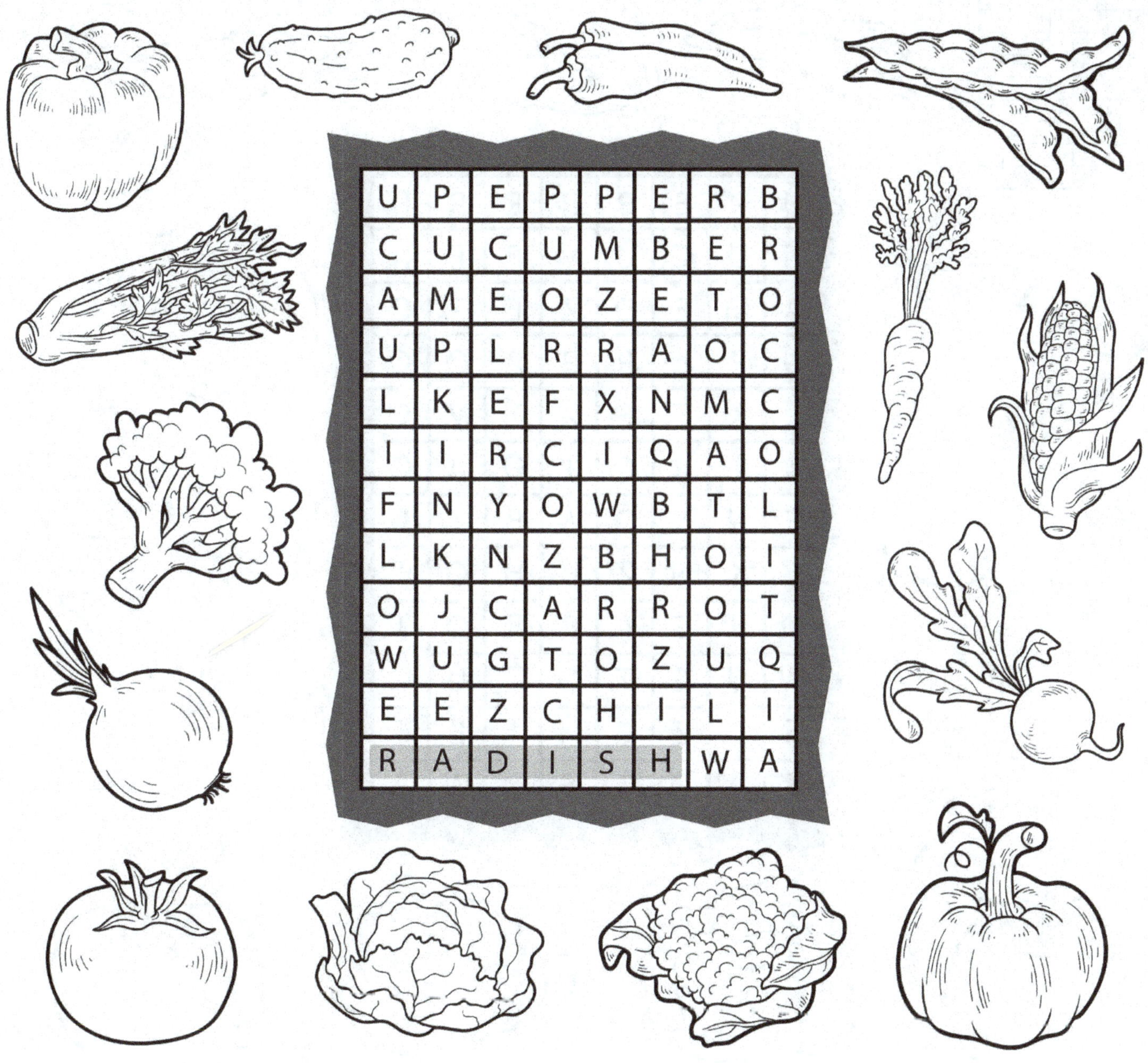

U P E P P E R B
C U C U M B E R
A M E O Z E T O
U P L R R A O C
L K E F X N M C
I I R C I Q A O
F N Y O W B T L
L K N Z B H O I
O J C A R R O T
W U G T O Z U Q
E E Z C H I L I
R A D I S H W A

U	P	E	P	P	E	R	B
C	U	C	U	M	B	E	R
A	M	E	O	Z	E	T	O
U	P	L	R	R	A	O	C
L	K	E	F	X	N	M	C
I	I	R	C	I	Q	A	O
F	N	Y	O	W	B	T	L
L	K	N	Z	B	H	O	I
O	J	C	A	R	R	O	T
W	U	G	T	O	Z	U	Q
E	E	Z	C	H	I	L	I
R	A	D	I	S	H	W	A

WORD SEARCH PUZZLE

a	g	a	r	i	c	v	m	j	o	h	j	a
p	b	k	e	s	h	i	i	t	a	k	e	y
o	z	b	f	p	a	u	z	m	o	r	e	l
r	r	i	e	b	m	q	r	i	a	u	k	f
t	c	k	n	l	p	w	d	a	b	s	z	e
o	p	o	r	c	i	n	i	f	d	s	j	l
b	y	f	k	g	g	q	u	g	h	u	c	m
e	i	c	h	a	n	t	a	r	e	l	l	e
l	i	c	c	f	o	k	y	e	l	e	z	n
l	r	a	m	a	n	i	t	a	a	i	p	o
0	i	t	j	s	d	v	s	s	k	s	j	k
v	c	c	r	o	y	s	t	e	r	g	h	i
t	r	u	f	f	l	e	u	r	n	q	f	j

champignon

truffle

oyster

greaser

agaric

enoki

russule

morel

portobello

amanita

porcini

shiitake

chantarelle

WORD SEARCH PUZZLE

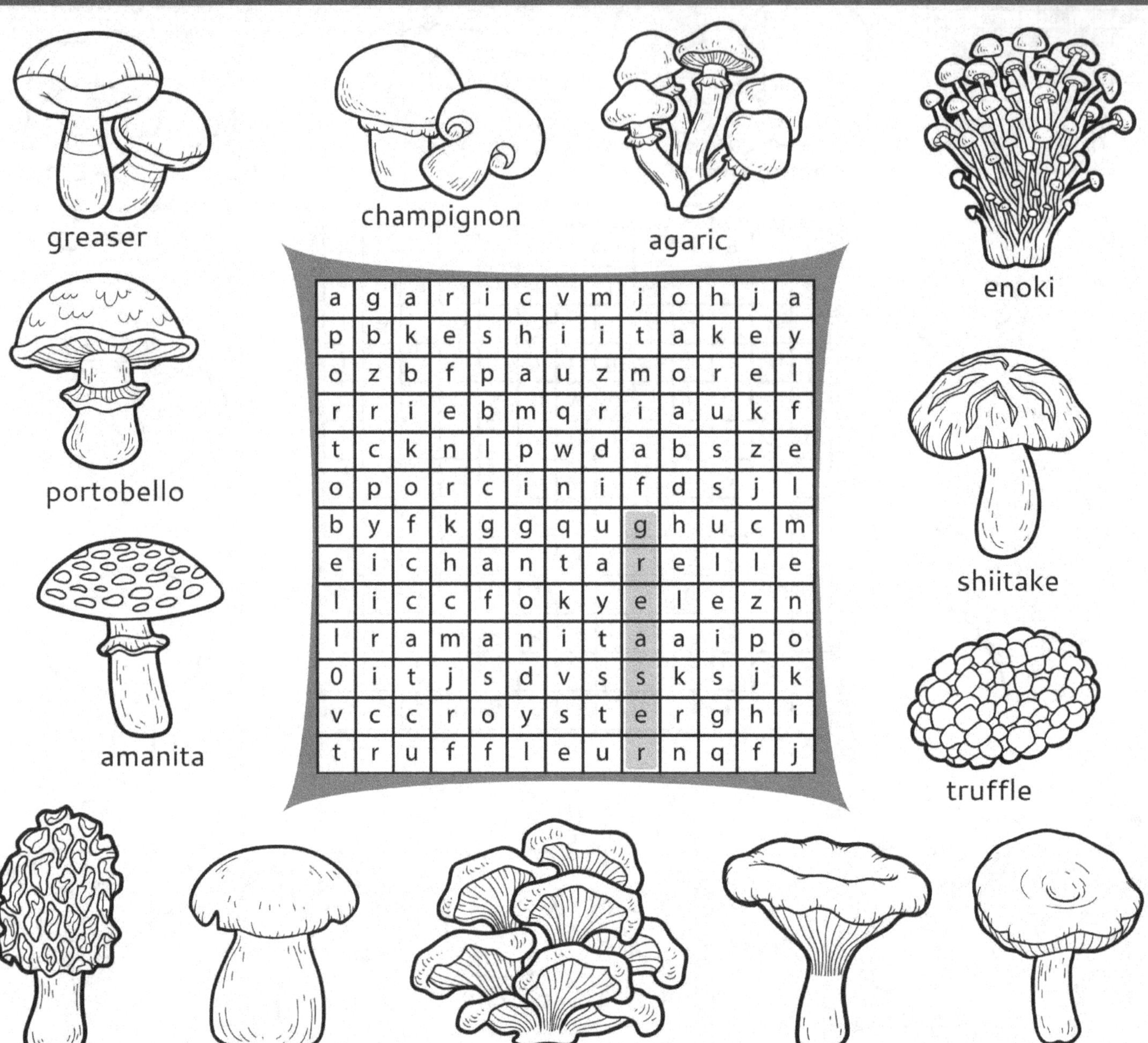